coleção primeiros passos 336

Paulo Ghiraldelli Jr.

O QUE É FILOSOFIA CONTEMPORÂNEA

editora brasiliense

Primeira edição, 2008
3ª reimpressão, 2023

Diretoria Editorial: *Maria Teresa B. de Lima*
Editor: *Max Welcman*
Revisão: *Karin Oliveira e Erika Satie Kurihara*
Capa: *Lito Lopes*

Dados Internacionais de Catalogação na Publicação (CIP)
(Câmara Brasileira do Livro, SP, Brasil)

Ghiraldelli Júnior, Paulo
O que é filosofia contemporânea / Paulo Ghiraldelli Jr.. -- São Paulo : Brasiliense, 2008. -- (Coleção primeiros passos ; 336)

ISBN 978-85-11-00121-1

1. Filosofia I. Título. II. Série.

08-11333 CDD-100

Índices para catálogo sistemático:

1. Filosofia 100

Editora Brasiliense
Rua Antonio de Barros, 1586 - Tatuapé
CEP 03401-001 - São Paulo - SP
www.editorabrasiliense.com.br

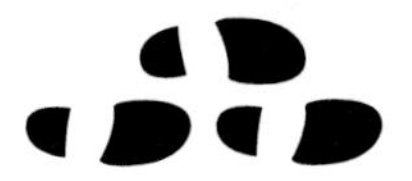

Sumário

Simplesmente mais um para a Fran, doce amor.

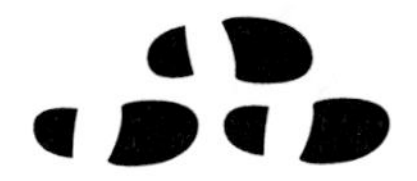

Apresentação

Assumindo que o século XVIII foi o século da razão e o XIX o século da história, então podemos dizer que o século XX foi o século da linguagem.

Um filósofo emblematicamente do século XVIII, como Kant, não fez outra coisa que investigar a razão para ver até onde ela poderia ir e em que ponto teria de parar – o que poderia a razão conhecer e até que ponto conseguiria avaliar. Os manuais de história da filosofia dizem de Kant: seu projeto foi o de colocar a razão em um tribunal no qual era juíza e ré ao mesmo tempo. Ou ainda: Kant quis estabelecer os "limites da razão", e só a própria razão poderia dizer quais seus limites. Kant batizou esse seu programa de trabalho de "crítica" e não propriamente, ainda, de filosofia. Tratava-se da crítica da razão para, então e só então, dar início a uma parte positiva, a metafísica. Estabelecida a crítica dessa maneira, a metafísica poderia ser feita sem avançar para aquele campo que fosse mostrado como impenetrável para a razão.

Um filósofo emblematicamente do século XIX, como Hegel, não fez outra coisa que banhar a razão na história e envolver toda a nervura da história com a razão. Os manuais de história da filosofia dizem de Hegel: ele confiou na fórmula "o real é racional e o racional é real". A "crítica", como quis Kant, não seria necessária. O projeto de Hegel de chegar à verdade implicava em compreender que o desdobrar da vida histórica real é feito não em um caos, mas segundo um telos, o de ampliação da liberdade, e entender também que esse telos, posto racionalmente, nada tinha de imaginário ou ilusório, mas era perfeitamente real. Assim, a metafísica não precisaria ficar esperando qualquer preâmbulo ou "fundamento", ela poderia se apresentar à medida que soubéssemos ver como que o desenvolvimento da consciência se revela no desdobrar da própria história da filosofia.

Um filósofo emblematicamente do século XX como... Como quem? Sim, quem? Não temos para o século XX, *ainda*, aquele que poderia ser seu emblema. Talvez um emblema desse tipo só possa aparecer quando muita coisa foi esquecida ou colocada de lado pelo movimento das novas prioridades da filosofia que, enfim, se refletem na historiografia. Assim, em filosofia contemporânea, temos de esperar um pouco para estabelecer divisões temporais e, então, fazer as falsificações costumeiras, que implicam em encontrar elementos mais representativos do período.

No momento atual, o de início do século XXI, Nietzsche e Frege se apresentam como os filósofos do final do século XIX que trabalharam a linguagem de um modo especial, que se fez presente no decorrer de todo o século XX. Richard Rorty (1930-2007) chegou a dizer: como se saberia, ao final do século XIX, que os dois filósofos daquela época que ainda interessariam aos filósofos do início do século XXI seriam Frege e Nietzsche? Ninguém poderia fazer tal previsão. No entanto, no decorrer do século XX, em vários momentos do pós-Segunda Guerra Mundial, soubemos que a filosofia contemporânea estaria definitivamente marcada pelo tema da linguagem, e que Nietzsche poderia ser para a filosofia continental o que Frege poderia representar para a filosofia analítica. Não seriam emblemáticos do século XX, mas certamente teríamos de tomá-los como pontos iniciais da transição entre o moderno e o contemporâneo em filosofia.

Ambos, Nietzsche e Frege, lidaram com problemas das relações entre a linguagem e o mundo, o que no tempo deles ainda era visto como a questão da relação entre o pensamento e o mundo. O primeiro tratou dessas questões envolvendo uma filosofia da história

– uma marca inescapável do que ocorreu com toda o desdobrar da filosofia do século XX no âmbito continental. Frege foi direto para uma teoria do significado, o que caracterizou as investigações da filosofia analítica no mesmo século.

Mas, é claro, o século XX – nossa, que século! – foi uma época de alterações pouco esperadas. Começamos o século acreditando que o socialismo iria fazer parte da vida da humanidade para sempre, e talvez até viesse a dar o rumo para a maioria de nós. Terminamos o século com o socialismo transformado em uma antiga relíquia de um passado distante. Entramos para o século XXI com alguns de nós agarrados à democracia – sem adjetivos – ainda sem saber se ela pode dar algo do que prometeu. Começamos o século XX encantados com as possibilidades da telefonia e da transmissão radiofônica. Entramos no século XXI reclamando do quanto a internet é ainda um meio antigo de comunicação, pois já sonhamos com a ideia de teletransporte de matéria. O cálculo atual é o de que se você conhece seis pessoas, conhece o mundo, pois consegue estar em potencial conexão com todas as outras. Eis então que não temos mais dúvida de que vivemos em uma época na qual a comunicação é um elemento central. Tendo se voltado para a linguagem, no decorrer do século, a filosofia se mostrou não estar alheia aos passos de seu mundo.

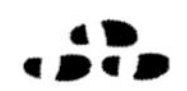

A história que conto aqui neste livro não é a de transformações políticas do mundo em relação às transformações filosóficas. A ideia aqui é mais humilde. Exponho as principais características da filosofia contemporânea, de modo a dar ao leitor uma visão sucinta, rápida e panorâmica do assunto, o que é próprio de um "verbete crítico", que é o que caracterizaria cada volume da Coleção Primeiros Passos. Com essa visão, o leitor poderá, certamente, traçar um plano maior de estudos e investigações, ou ao menos ter para si um quadro (que quero crer motivador) do que os filósofos fizeram entre o final do século XIX e o início deste nosso século.

Introdução

Analíticos e continentais

Até o final dos anos 1960, uma boa parte dos historiadores da filosofia considerava a filosofia contemporânea a partir de um rol de escolas e movimentos. Não se imaginava agrupar a filosofia contemporânea em duas grandes tendências, como ocorreu com a filosofia moderna, consagrada na divisão entre empiristas e racionalistas. Todavia, nas três últimas décadas do século XX, a historiografia começou a mudar de modo acentuado, colocando a filosofia contemporânea com um contorno especial, também composto por duas grandes tendências, a de analíticos e continentais.

O que hoje chamamos de filosofia analítica aparece na historiografia atual como tendo origem no final do século XIX, segundo a produção de filósofos austríacos e britânicos. Mostra-se corretamente que esse tipo

de reflexão filosófica teve maior acolhida acadêmica no mundo de língua inglesa e, por isso mesmo, tornou-se uma filosofia identificada com o que seria "da Ilha". Por contraposição, todas as outras tendências não-analíticas foram englobadas como "filosofias do continente".

A fenomenologia, o existencialismo, a hermenêutica, a Escola de Frankfurt, o marxismo, o estruturalismo, o pós-estruturalismo e outras tendências mais ou menos afins ficaram sob o rótulo de filosofia continental. O positivismo lógico e, depois, seus herdeiros, então crescentemente em interação com a filosofia típica da América, o pragmatismo, ficaram sob o título de filosofia analítica.

Voltada para a linguagem e para a lógica, nos seus primórdios a filosofia analítica se mostrou pouco simpática à história da filosofia e à filosofia política. Essas duas áreas pareciam ter ficado sob o monopólio da filosofia continental. No entanto, no término do século XX isso já não mais poderia ser tomado como uma característica de distinção entre as duas grandes tendências. Os filósofos analíticos se envolveram com história da filosofia, não só historiando a própria tendência analítica, mas também aplicando seus métodos para a história antiga e outras fases do pensamento. Também geraram filósofos políticos, principalmente após seu envolvimento com o pragmatismo americano. Os filósofos continentais, por sua vez, nunca foram totalmente avessos aos estudos da linguagem, mas assim agiram segundo os parâmetros da hermenêutica e do estruturalismo. Todavia, no término do século XX, já se mostravam desejosos de ampliar tal visão, olhando de maneira cada vez mais curiosa para o que poderia vir das confluências entre o pragmatismo e os herdeiros diretos ou indiretos do positivismo lógico.

Aqui neste livro, a visão apresentada respeita e adota a divisão entre analíticos e continentais. Todavia, mostrarei também certas confluências que, enfim, se fizeram sentir no final do século XX e início do XXI, mas que não sabemos o quanto poderão vingar neste nosso século.

Nietzsche, o marxismo e a psicanálise

Em 1985 Jürgen Habermas lançou o seu *O discurso filosófico da modernidade*. Embalado por uma polêmica daquele momento, sobre se estávamos ou não em uma "condição pós-moderna"[1], Habermas fez um balanço da transição da filosofia moderna para a contemporânea com o objetivo de argumentar pela defesa do que ele entendia ser "o projeto moderno" do pensamento ocidental. Um dos bons *insights* do livro foi a maneira como abordou Friedrich Nietzsche (1844-1900),

---

1. Gerada a partir do opúsculo de Jean François Lyotard (1924-1998), *A condição pós-moderna*.

assumindo-o como um "ponto de virada" filosófico e uma "plataforma giratória" de distribuição de temas, problemas e objetos para a filosofia do século XX.

Antes da Segunda Guerra Mundial (1939-1945), Nietzsche já era considerado um marco de distinção entre a filosofia moderna e a filosofia contemporânea. Ao término do século XX, talvez pelo próprio debate a respeito da "condição pós-moderna" que, enfim, batia forte na noção moderna de sujeito e na noção tradicional de verdade, não era possível resistir à tentação de ler Nietzsche como o filósofo que havia vislumbrado o clima espiritual senão de todo o século, ao menos de seus últimos trinta anos.

Nos últimos anos do século XX, Nietzsche apareceu então na historiografia e na consideração dos filósofos como um dos primeiros, lá no final do século XIX, a atacar a noção tradicional de verdade, um ataque reiterado por outros de maneiras variadas durante todo o percurso do século XX. Ele também emergiu como um pioneiro da crítica às noções de sujeito e de subjetividade, ou seja, como o ancestral da tendência contemporânea de construção de uma filosofia pós-metafísica.

Também sabíamos que Nietzsche havia se envolvido com certo clima do pragmatismo nascente em sua época e, a partir daí, criado uma forma de investigação filosófica bastante atenta ao uso das palavras e enunciados. Ora, essa foi uma vertente muito frutífera no âmbito da prática dos filósofos norte-americanos a partir do pós-Segunda Guerra, nas idas e vindas do casamento entre a filosofia analítica e o pragmatismo.

É claro que essa determinação em colocar a filosofia contemporânea como um rio de correnteza nietzschiana não se fez em detrimento da evidência da influência da psicanálise e do marxismo em todo o século XX. Essas duas tendências do pensamento ocidental estiveram na cabeça de todos os historiadores da filosofia. Seria um erro crasso desconsiderá-las. Todavia, antes que escolas de pensamento filosófico, essas duas grandes concepções desejaram se mostrar como verdadeiras "novas ciências da vida humana". O marxismo e a psicanálise foram dois grandes guarda-chuvas teóricos, e não escolas de filosofia em um sentido específico. Por sua vez, ainda que Nietzsche tenha se utilizado de instrumentos que poderiam ser estranhos à filosofia, ele centrou sua atenção exclusivamente em problemas tipicamente filosóficos, aqueles que a tradição de conversação ocidental tem chamado de "problemas filosóficos" a partir de Platão (429-347 a. C.).

Uma história da cultura contemporânea daria destaque central ao marxismo e à psicanálise, mas uma exposição dos desdobramentos contemporâneos em filosofia que assim fizesse não apanharia o que convencionalmente a maior parte dos filósofos considera filosofia.

Os grandes temas

O que chamamos de filosofia contemporânea é, em geral, a filosofia do século XX, e que chega até os dias atuais. Todavia, em filosofia, o século XX não começou no dia primeiro de janeiro de 1900. Nesta data, os grandes temas que percorreram o século XX já estavam de "cabeça para fora".

Em termos bastante gerais e, ao mesmo tempo, restritos aos campos tidos tradicionalmente como nucleares da filosofia, dois grandes assuntos dominaram e dominam a discussão da filosofia contemporânea. Eles podem caber em uma frase: sujeito e verdade. É claro que outra abordagem poderia criar variações. Por exemplo, poderia ser dito que o tema do sujeito circunscreve um campo e o tema da mente apanha outro, e então deveríamos dar crédito para os estudos da consciência, da mente e mesmo do cérebro etc. Também não seria errado substituir verdade por significado. E alguns falariam em poder e em democracia e tenderiam a fazer antes a filosofia política que a metafísica o eixo produtivo de um livro como este. Excetuando essa terceira e última opção, não creio que as alterações que apontei mudariam muito o roteiro da peça que montei aqui.

Sujeito e verdade são os temas que dão o piso das estradas percorridas pelos heróis deste livro. Esses filósofos lidaram com a metafísica, a epistemologia e a lógica, com a filosofia política e outros campos corre-

latos, renovando toda a filosofia no decorrer do século XX. Ao mesmo tempo, redesenharam as divisões internas da filosofia, criando novas disciplinas, como a filosofia da mente e a filosofia da linguagem. Mas, ao abordarem a subjetividade e ao debaterem teorias de verdade, criaram o que de fato diferencia a filosofia contemporânea, no plano temático, de todas as outras grandes fases do pensamento filosófico ocidental.

III
Os três demônios

Incômodo

A filosofia contemporânea é fruto de um clima intelectual de *perversidade*. Três pensadores abriram espaço para que os anjos rebeldes viessem a dizer o que deveria e o que não deveria ser pensado no século XX. Eles foram os responsáveis pela "perda da inocência" moderna. Seus nomes: Charles Darwin (1809-1882), Karl Marx (1818-1883) e Sigmund Freud (1856-1939). Denomino o clima gerado por eles perverso por uma razão simples: eles incomodaram até aqueles que aceitaram de bom grado suas ideias. E assim fizeram de um modo pouco suave, criando um longo fio de angústia nos homens e mulheres do século XX.

Até eles falarem o que falaram, o mundo era de um jeito, após eles, o mundo mudou. As pessoas passaram a criar uma nova autoimagem de si mesmas. Elas começaram a conversar a respeito de si mesmas segundo um redesenho feito não só com traços do pincel do pintor, mas com sulcos do formão do escultor.

Quando veio o século XX e a escolarização passou a atingir quase a totalidade de algumas populações (ao final do século XIX, o conjunto da Alemanha e da Áustria possuía menos que 0,03% de analfabetos), não foram poucos os que começaram a se ver no espelho matinal de um modo distinto daquele que seus rostos mostravam quando foram se deitar. Aqueles que passaram por tal experiência haviam sido contaminados pelo veneno dos três demônios. Estavam com um vírus terrível. Estavam em mutação, sentiam-se cada vez mais diferentes e, não raro, alguns sabiam perfeitamente que haviam escutado tudo que não deveria ser ouvido, o que vinha dos livros de Darwin, Marx e Freud.

Atualmente, a maioria de nós que possui formação intelectual universitária já ouviu falar em "teoria da evolução" e sabe perfeitamente que entre nós e os seres brutos há mais elos de parentesco do que uma suposta relação de primos distantes. Também já ouvimos muito sobre ideologia, e não raro até exageramos em achar que antes nos guiamos por uma "falsa consciência" que por uma visão razoável sobre o mundo. Além disso, todos falamos com naturalidade sobre o "inconsciente", e não entendemos por tal palavra algo como "estar desmaiado". Em outras palavras, os saberes de

Darwin, Marx e Freud são hoje parte do senso comum dos escolarizados do Ocidente. Todavia, ao final do século XIX e início do século XX, esses saberes estavam chegando às mãos das elites filosóficas. E isso obrigava os filósofos a uma *redescrição* das imagens que suas filosofias tinham feito do homem até então.

Darwin

A verdade de Darwin, ainda que tomada apenas genericamente, trouxe para os filósofos a possibilidade de se colocar a religião, de uma vez por todas, como uma narrativa *ad hoc*. Ou seja, do ponto de vista científico, eles poderiam explicar nossa origem na Terra a partir de mutações genéticas associadas à sorte adaptativa, e isso não precisaria entrar em confronto com a narrativa bíblica. Esta, por sua vez, poderia ser tomada como uma legítima alegoria, acoplável à teoria da evolução por uma relação não necessária, totalmente opcional. Assim, para alguns, nenhum drama de consciência deveria ocorrer.

Mas, para outros, a transformação da religião em uma narrativa *ad hoc* era pedir demais – eles imaginavam que se assim fosse, a maioria das pessoas simplesmente terminaria por desacreditar da Bíblia. Por que haveria de se acreditar em uma alegoria? No limite, iriam jogar fora o Livro Sagrado e, com o tempo, nada temeriam. Ainda que o caos não viesse a ser posto na vida "das pessoas de bem", certamente viria a se instaurar "nas massas", para quem a ética e a moral não poderia ser levada adiante senão pelo temor a Deus ou pela mão amiga de Jesus.

Assim, de uma forma ou de outra, o saber darwiniano provocou incômodos, mudanças e, sem dúvida, profundas redescrições filosóficas.

Marx

A verdade de Marx também poderia, em princípio, ser bem absorvida. Afinal, a ideia de que somos enganados pela nossa própria consciência não era nada estranha aos intelectuais. Aliás, era uma ideia tipicamente filosófica. A Caverna de Platão, os Ídolos da Tribo de Bacon, as Ideias da Razão de Kant – eis aí uma série de elementos para a pré-história da noção de ideologia e "falsa consciência".

Todavia, a ideia de Marx de "falsa consciência" ou a noção de ideologia tinha um componente incômodo. A ideologia não aparecia, em seus textos, como algo que tinha de existir. Poderia ser algo eliminável. E eliminável não para um ou dois, e sim para todos os homens. A ideologia ou, concretamente, a reificação e o fetichismo, não deveriam ser eternos. A inversão de papéis entre agente e objeto, que Marx denunciou, não era fruto de um necessário "limite da razão" humana finita. Nem era uma opinião assumida acriticamente. Muito menos

um erro dos sentidos. A "falsa consciência" seria produto de um sistema de relações políticas e jurídicas que garantiam a vida da "economia de mercado", sendo que o mercado é que estaria criando a maneira *moderna* de nos comportarmos, em que os produtos de nosso trabalho escapam de nosso controle e reaparecem em nossa frente, no mercado, com mandatários, possuindo vontades e, então, colocando voz de comando para nossos atos. Esse comportamento nosso, no entanto, não seria natural, e sim algo determinado pelas relações sociais históricas e, por isso mesmo, transformável. Em uma sociedade sem esse drama do mercado, estaríamos livres da escravidão dessa inversão.

Ora, é claro que essa ideia, assim tomada, implicava em se voltar contra as instituições de garantia da ordem. O marxismo, então, uma vez absorvido nesses termos, como filosofia, tinha uma implicação revolucionária. De fato, isso não era algo tão fácil de ser tolerado.

Freud

Até Freud, ninguém havia tripartido o eu em instâncias equivalentes ou, mais que isso, em instâncias que aparecem como agentes no controle do próprio eu. Além do mais, a filosofia tinha optado pela ideia de que o eu conhece o mundo, mas o eu não se conhece a não ser como algo no mundo, como fenômeno. Freud inventou um procedimento que parecia romper com isso. Além disso, criou nomes para patologias do eu, passou a investigar o eu virando-o do avesso e, enfim, responsabilizou-o como irresponsável. E o resultado foi um só, na seguinte conclusão: ele próprio, o eu, no interior da consciência, não mandava tanto quanto imaginava mandar. O Ego nada seria senão um produto fenomênico daquilo que era ordenado ou instigado por partes do eu mais profundas, inconscientes, o Id e o Superego.

O mais complicado disso tudo: o Id seria o responsável por desejos pouco convenientes socialmente, o Superego seria controlador e, às vezes, exageradamente controlador a ponto de gerar patologias. Como lidar com tudo isso? O homem havia se tornado complexo demais! Como lidar com a tese de que posso ser perfeitamente normal e, no entanto, ser movido por algo que não é mais possível de ser chamado de "paixões", no sentido que os escritores e romancistas gostavam de dizer, e sim algo que substitui meu eu em vários momentos e situações? A vida real não seria mais um drama da "paixão" contra a "razão", e sim um drama de um Ego em luta contínua com forças internas, o Superego e o Id. Não haveria mais a literatura para dizer coisas boas ou más a respeito dos dramas humanos, e sim a ciência – a nova ciência da psicanálise. Teríamos de ampliar nosso grau de autoconhecimento com tal ciência. Mas quem não ficaria incomodado ao ter de aceitar que aquilo que dizia de si mesmo, até para si mesmo, não seria a verdade de si mesmo?

Ideias como essas de Darwin, Marx e Freud atingiram três dogmas da filosofia moderna: a unidade da consciência, a relativa transparência e simplicidade do eu para consigo mesmo, a autonomia do sujeito.

A noção moderna de sujeito, aquele que, no final dos tempos modernos, foi tomado como o que é "consciente de seus pensamentos e responsável pelos seus atos", se tornou uma séria candidata a peça de museu. E a noção de sujeito não era pouca coisa.

Ainda que não como uma noção sofisticada, como no caso de Kant, e sim como um *simples* "eu" dotado de entendimento e vontade, a partir de René Descartes (1596-1650) a consciência passou a ser tomada como base para a obtenção do "ponto arquimediano" de garantia da verdade, portanto, um dispositivo metafísico. E depois dele, a noção de consciência foi se tornando mais complexa e veio realmente a se estabelecer como base da noção de subjetividade da filosofia moderna; mas, é claro, não perdeu suas funções originais, a de que seria um polo de garantia da ação correta e do pensamento verdadeiro. Ora, uma mudança na noção de eu, de consciência e, enfim, de sujeito, poderia arranhar os dois principais pilares da filosofia moderna, a noção de subjetividade moderna e a forma de garantia da verdade, elementos centrais da metafísica e da epistemologia modernas.

No item seguinte, recapitulo a noção de sujeito como ela se estabelece na filosofia moderna, para que se possa ter uma noção dos abalos das ideias desses três demônios sobre a filosofia moderna e, então, a criação da disposição para uma nova fase da filosofia – o que denominamos filosofia contemporânea.

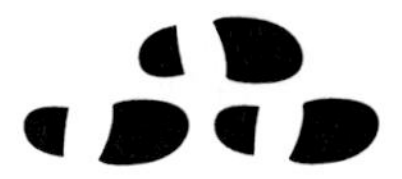

IV
A crise da filosofia moderna

Subjetividade

O termo sujeito possui basicamente duas acepções na filosofia. Entre os antigos, medievais e até entre boa parte dos modernos o sujeito foi entendido como *subjectum* ou *suppositum*. Neste caso, sujeito é aquilo do que se fala, ou para atribuir qualidades e determinações ou para apontar para qualidades e determinações já inerentes. Foi assim que a *Metafísica* de Aristóteles (384-322 a. C.) lidou com o termo, identificando-o como um dos modos da substância. Essa aproximação do termo com a substância teve vida longa, e só com Immanuel Kant (1724-1804) é que chegou à segunda acepção, mais afeita aos nossos ouvidos. Então, sujeito passou a significar, também, o eu ou a consciência. Foi nesta acepção que ganhou a prerrogativa de algo ativo, capaz de tomar iniciativas.

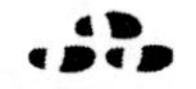

Kant construiu a ponte entre o conceito vindo da tradição e aquele que, em seu tempo, já aparecia aqui e ali entre os escritores alemães, e que ele adotou e aperfeiçoou. Na forma tradicional, ele falou do eu como aquilo a que são inerentes os pensamentos enquanto seus predicados. Todavia, Kant deu novo significado ao termo ao dizer que o eu é sujeito em uma situação específica, na relação de união com o predicado. Ou seja, o eu é sujeito quando determina a união do sujeito e do predicado nos juízos – neste caso, ele é espontaneidade cognitiva e, então, consciência.

É claro que Kant não estava falando aí de um eu empírico. Ele chamou esse eu puramente racional de "eu transcendental". Daí a ideia de um "sujeito transcendental" – atuante segundo ações que lembrariam bem as características de necessidade e universalidade da lógica.

A partir daí a filosofia moderna, de um modo mais genérico e menos técnico, nos ensinou a definir o sujeito como aquele que é "consciente de seus pensamentos e responsável pelos seus atos". Formou-se então o conceito de subjetividade como algo próprio da filosofia moderna, ao menos quanto ao seu papel, o de conseguir dar *bases* para o conhecimento e para a ação.

Escapando dos detalhes que cada uma das escolas da filosofia moderna traçou para a noção de sujeito, não foi difícil para os contemporâneos olharem para o passado e explicitarem o que seria o conceito de subjetividade. Assim agindo, expuseram a subjetividade por meio das "formas de consciência".

Em princípio, as formas de consciência não se separam. Elas se aglutinam na *unidade do sujeito* – ao menos é assim para a maioria das escolas filosóficas modernas. Todavia, falamos delas separadamente para alcançar uma maior clareza, caracterizando a funcionalidade da subjetividade. Em termos de formas da consciência podemos apontar para o "eu", para a "pessoa", para o "cidadão" e para o "sujeito epistemológico" – isso para ficarmos apenas no que seriam as principais maneiras pelas quais a consciência pode se apresentar.

O eu é a instância da identidade, que tem a ver com a memória e com as vivências psíquicas e somáticas. É a forma de consciência menos universal, uma vez que, em princípio, seria impossível transmitir vivências psicossomáticas como se transmite algo como uma equação. A pessoa é o sujeito moral, às vezes tomada pelo nome de indivíduo. É a forma de consciência responsável pelos juízos de bem e de mal e pelas ações segundo o mesmo balanço avaliativo. O cidadão é o sujeito político. É a forma de consciência que aponta e assume o que são direitos e deveres na cidade. O sujeito epistemológico é a instância da reflexão e produção de conceitos e do exercício da linguagem. É a forma de consciência que julga os enunciados a partir do verdadeiro e do falso, e é a instância mais universal. Assim, quando falamos em sujeito ou subjetividade, procuramos nessas instâncias essas formas de consciência. Dizemos que um sistema filosófico moderno é bem montado quando o que ele apresenta como o sujeito não reduz uma forma da consciência à outra de modo grosseiro, ou elimina uma ou duas formas sem que exista uma boa explicação para tal.

Em conjunto com as formas de consciência, a instância chamada sujeito também foi dotada de vontade – a espontaneidade apontada por Kant. Isso trouxe à cena o tema da liberdade. As discussões sobre a liberdade da vontade, levadas adiante no debate entre o monge britânico Pelagio e Santo Agostinho (354-430), eram conhecidas entre os modernos. Elas estiveram presentes na mente de Descartes quando este filosofou a partir do "eu penso", exatamente a fórmula que Kant, a partir dele, tomou como sendo a consciência ou o sujeito.

Olhando os desdobramentos do pensamento ocidental já sob a influência de Kant, os historiadores da filosofia viram o nascimento da noção moderna de sujeito pré-figurada em Descartes. E de fato assim passamos a considerar. Demos a Descartes a prerrogativa de fundador da noção de sujeito, ainda que ele nunca tenha usado esse termo. Na montagem do que seria o "espírito humano", Descartes considerou a existência

do entendimento e da vontade. Deu ao primeiro a função de formular e apresentar os juízos sobre a realidade e à segunda a decisão de iniciar o pensamento e de exercer a expressão desses juízos, tomando-os como certos ou errados. Considerou a vontade como livre e, mais ainda, como elemento infinito – o que teríamos de semelhante com Deus. O erro foi explicado, então, como fruto do atropelamento do entendimento pela vontade, fazendo-o gerar asserções antes de realmente ter clareza sobre a veracidade de seus juízos.

Mas a novidade de Descartes não veio por essa via, já prefigurada com os filósofos medievais. O que ele trouxe de novo foi a maneira como construiu sua metafísica, sua filosofia primeira.

As metafísicas antigas e medievais buscaram o seu porto seguro nos mais diversos locais, mas nunca o caracterizaram como Descartes o fez. A metafísica moderna encontrou seu porto seguro no *Cogito*. Quando Descartes levantou a hipótese do gênio maligno para poder colocar sua dúvida em situação hiperbólica, ele viu que a partir daí obtinha uma certeza, a de que estando sempre enganado estaria sempre pensando. O penso – o *Cogito* – seria então seu porto seguro. Na sua formulação: "Penso, logo existo (ou sou)". Ora, essa certeza do *Cogito*, que seria universal, constituiu então o polo metafísico moderno. Em outras palavras: a metafísica moderna se estabeleceu como "metafísica da subjetividade", como foi bem caracterizada por Martin Heidegger (1889-1976).

Desde os tempos do helenismo tardio e, principalmente, a partir do pensamento de Santo Agostinho, a noção de eu veio se ampliando e ganhando características cada vez mais complexas. E o cume desse processo se fez no Romantismo, já na transição do século XVIII para o XIX. Neste caso, surgiu a ênfase à noção de indivíduo, uma derivação da noção de sujeito, que depois foi apropriada pela psicologia e pela sociologia. Todavia, o destaque para Descartes, nessa história, é que com ele a subjetividade se colocou como uma instância metafísica e ao mesmo tempo humana, capaz de forjar a "certeza do *Cogito*", então fundamento do conhecimento e da ação – a base metafísica dos juízos (avaliados como verdadeiros ou falsos) e das ações (avaliadas como certas ou erradas).

A partir de Descartes ou, mais decididamente, de Kant, fazer filosofia se transformou na tarefa de construção da instância chamada subjetividade. Dizendo de um modo mais específico: antes que filosofar, o importante para cada filósofo passou a ser sua habilidade em criar um modelo de sujeito, de modo a poder explicar o conhecimento e a ação moral. Não raro, então, muitos filósofos se dedicaram bem mais à própria construção de seu modelo de sujeito do que à descrição do "mun-

do" ou do "conhecimento do mundo" ou da "ação correta no mundo".

Assim, quando as características mais básicas da subjetividade moderna – a caracterização da consciência – foram abaladas pelos saberes introduzidos por Darwin, Marx e Freud, toda a atividade filosófica caracteristicamente moderna entrou em xeque. Abriu-se uma visível "crise da filosofia". Tudo estava pronto para que novos modos de filosofar viessem a florescer, ou seja, as portas começaram a se abrir para a constituição da filosofia contemporânea.

Nietzsche contra o sujeito e a verdade

Nietzsche esteve no centro do redemoinho da crise da filosofia moderna. E ele não colocou panos quentes. Ao contrário, ele jogou pólvora no fogo.

Nietzsche estava convencido de que filosofia moderna fazia parte de um grande programa de infelicidade. Caudatária dos clássicos, com Sócrates à frente, a filosofia moderna nada seria senão um dos sistemas viróticos da grande infecção dominante no Ocidente. O nome dessa infecção era um só: niilismo – o reconhecimento da fraqueza e do estado doentio dos usuários da razão associado a um profundo cansaço da vida.

Nietzsche traçou uma espécie de *filosofia da história* em que sua própria época caracterizava-se como o cume de um longo processo de desgosto para com a vida, algo que, em termos especificamente filosóficos, havia se esboçado e se firmado a partir de Sócrates (470–399 a. C.). Os traços dessa filosofia da história, como o que segue adiante, deram o arcabouço da proposta filosófica de Nietzsche.

Os filósofos pré-socráticos haviam sido grandiosos à medida que evitaram trabalhar sob o registro da investigação moral. Estavam isentos de ter de ficar qualificando as ações como boas ou más, em um sentido moral. Diferentemente, Sócrates não só priorizou a investigação moral como a atrelou a um profundo intelectualismo: as ações que vemos como causadas por uma "fraqueza da vontade" não seriam frutos de outra coisa senão de opções conscientes, ainda que, uma vez contrárias ao próprio indivíduo, teriam sido assumidas por fracasso do conhecimento. Fazendo assim, Sócrates elegeu o homem como um herói da razão – até mesmo nos desvios e faltas, nada poderia ser responsabilizado senão o intelecto. A má conduta sempre seria algo danoso ao homem, fruto de uma opção caracterizada pela ignorância. E foi com esse modelo de homem em mente que ele atendeu às necessidades dos helenos, então doentes.

Muito *antes* de Sócrates, os helenos não imaginavam em usar da razão. Eles seguiam seus instintos e, assim, se mostraram um povo altivo, saudável e forte. Mas, na época de Sócrates, já estavam todos enfermos.

De que mal sofriam? Como toda doença, a dos gregos também foi identificada e nomeada apenas pelos sintomas: eles davam mostras de terem perdido os instintos. Estavam atabalhoados e indecisos. Sócrates era o mais doente entre os gregos e, ao mesmo tempo e exatamente por isso, podia se apresentar como o melhor médico para eles, senão de todos, ao menos da juventude. Ele tinha esse direito, pois havia conseguido sobreviver mesmo doente, isto é, já sem os instintos.

Sua forma de medicina era um engodo. O que ele propunha era que os gregos deveriam fazer uso da razão para poderem se guiar. Na verdade, a razão jamais poderia se rivalizar com os instintos. Sempre teria sido inferior. Todavia, na falta dos instintos, foi apresentada não propriamente como remédio, mas como o que seria o elemento natural humano, a força interior própria do homem, superior aos instintos. O homem como ser racional foi apresentado por Sócrates como o que seria *par excellence* o homem. Todavia, apesar dessa apologia da razão, como mostrar tal droga paliativa aos gregos de modo a convencê-los, efetivamente, de que aquilo os salvaria? Por que eles acreditariam que a razão era o elemento natural e forte, que deveria ser cultivado? Mas Sócrates era ladino, e se aproveitou do gosto dos gregos pelos jogos para fazer o que tinha de fazer.

Ele espreitava a juventude exatamente no lugar dos jogos, nas praças esportivas e ginásios, e ali seduzia os incautos. Quando os jovens terminavam as atividades físicas, Sócrates aparecia com um novo e inebriante jogo: a investigação em forma de dialética. Eis que os gregos não tardaram em dar crédito para aquela gostosa e atrativa atividade de "dar e pedir razões" em disputas verbais. Logo puderam manusear o que passaram a chamar de racionalidade, e se tornaram mestres nisso. Não tardaram em assumir que, de fato, o dote natural próprio do homem era a racionalidade. Então, se acreditaram curados – tinham recuperado a capacidade de seguir um rumo. Ganharam um novo guia para a vida, e se esqueceram de que haviam sido um povo sadio exatamente por ter utilizado o que, a partir de então, passaram a amaldiçoar – os instintos.

Todavia, a atividade de fazer tudo a partir de decisões da razão não trouxe a felicidade esperada, pois a própria atividade racional depende de ascetismo, concentração, contenção de desejos e todo o sofrimento que viria do famoso "intelectualismo socrático".

Sócrates não era alguém que gostava da vida. E ele sabia que seu remédio era apenas um paliativo. Estava cansado da vida. Festejou a hora de sua morte. Brindou com veneno. E todos os que o seguiram no Ocidente – o estoicismo, Jesus, os sacerdotes, os homens modernos do Iluminismo e da ciência e, enfim, as feministas e os socialistas – continuaram esse percurso de confiança na razão e, portanto, de doença e culto ao

cansaço da vida. Todos foram grandes doentes e perfeitos arautos do niilismo.

No campo estritamente filosófico, Nietzsche via a busca pela verdade, inaugurada por Sócrates, como aquilo que precisaria ser denunciado. Sendo o objetivo da dialética, era ela, a busca da verdade, o elemento enganoso central do remédio socrático. Preparar-se para uma vida sem essa busca, uma vida esfuziante e *para além do homem* – eis aí o que foi, de fato, o projeto nietzschiano.

Todavia, antes de se pensar na realização desse projeto, não seria interessante notar, talvez até com alguns dos instrumentos de Sócrates – a filosofia –, os enganos gerados por tal busca? Sim! Desse modo, o importante era a destruição da metafísica – qualquer uma. Mas, principalmente, a metafísica moderna, a que se iniciou com Descartes. Derrubar sua obsessão pela verdade seria um bom passo contra todo o programa infeliz do racionalismo ocidental. Seria ótimo libertar o homem daquilo que havia sido o objetivo da droga chamada dialética.

Como atacar a busca de verdade, iniciada na modernidade por Descartes? Afinal, Descartes não queria só a verdade, ele queria mais, queria a certeza. Ora, mas se este era seu orgulho, também era seu ponto fraco. Todo orgulhoso tem seu ponto fraco no próprio orgulho. A certeza do *Cogito* implicava na noção de sujeito, como então fora traçada na modernidade, principalmente a partir de Immanuel Kant (1724-1804). Para a destruição da metafísica moderna, o melhor seria mostrar que a noção de sujeito era uma farsa, que o sujeito metafísico nunca existiu, ou ainda, que jamais existiu sujeito algum, no sentido dado pela filosofia moderna. Nietzsche se dedicou a isso apontando todas as suas baterias para o sujeito moderno, em especial para uma noção que ele avaliou central na sua constituição: a autonomia, o resultado da liberdade do eu.

Para desempenhar sua tarefa, Nietzsche tomou a linguagem como seu objeto. Ele trouxe à baila a composição da estrutura gramatical. Notou então que nossa noção de sujeito é inerente à nossa linguagem – o sujeito é o elemento dos enunciados e frases que executa ação. Ora, até aí, nada de mal. Qual o problema do sujeito ser uma noção inerente à gramática? O problema teria sido o segundo passo, aquele que demos ao hipostasiar esse sujeito, dando a ele poderes ontológicos e metafísicos, fazendo-o ultrapassar sua realidade, a de mera partícula de uma sentença. Como e por que fizemos isso?

Para responder a essa pergunta, Nietzsche voltou à sua filosofia da história.

A linguagem nada seria senão uma prática social. Teria surgido com o homem gregário e já vivendo em comunidade. Ora, uma vez em comunidade, a necessi-

dade de ordem e paz se sobrepôs a qualquer outra necessidade. Surgiram então os mecanismos de troca, de promessa e de dívida. O confronto entre fracos e fortes mostrou-se problemático. Mas os fracos, em maioria, logo descobriram que poderiam colocar contra os fortes uma denúncia que os faria recuar. Inventaram a ideia de liberdade. E, é claro, a aplicaram sobre a vontade. Quando pressionados pelos fortes em torno de qualquer disputa no âmbito comunitário, passaram a avaliar tal ataque não como uma atividade normal dos fortes, aquela que diz que o forte domina o fraco. Classificaram tal ataque como um erro, como maldade, e cultivaram a ideia de que o forte teria de ser desterrado, uma vez que ele causava um mal comunitário e que isso, se ele forte quisesse, poderia ser evitado. Fundaram a Justiça nessa ideia. Mas o que se oferecia ao forte?

Os fracos foram rápidos. Disseram ao forte que se ele se tornasse "bom", se deixasse de ser "mau", poderia ficar no convívio comunitário. Mas o forte não sabia o que era o comportamento bom, não no sentido da palavra bom como utilizada pelos fracos. Até o presente momento, ele havia usado as palavras bom e ruim em um sentido técnico: "bom" é o termo para batizar qualquer coisa que cumpre suas funções, e "mau" é o termo para qualquer coisa que desempenhe de modo ruim suas funções. Mas os fracos insistiram que o comportamento do forte não era digno e, mais que isso, não era algo que não pudesse ser mudado. Poderia e deveria ser mudado, se ele se dispusesse a dominar e inverter sua vontade – eis a regra inventada pelos fracos. Como qualquer outro, o forte seria um sujeito, isto é, alguém dotado de liberdade individual – autonomia – o suficiente para optar por outro tipo de comportamento. No momento em que o forte acreditou nisso, ganhou sua má consciência. Passou a sentir culpa e, em seguida, dó do fraco. Passou a querer mudar e ser bom – bom no sentido moral, no sentido dado à palavra bom pelos fracos. Nesse exato momento, ele, forte, já não era mais forte, havia se tornado um a mais entre os pacatos homens da comunidade.

Qual o elemento que teria ajudado o forte a acreditar no engodo do fraco e imaginado que poderia mudar? Eis a resposta: o fato de se acreditar como um sujeito moderno ou, de modo mais apropriado, como um indivíduo – o animal dotado de liberdade e autonomia. E por que ele acreditou nisso com tanta facilidade? Simples: a própria linguagem continha os elementos necessários para colaborar com a tese do fraco. Ela, a linguagem, é dotada de sujeito, e imaginamos que a ação não pode ser desempenhada se não há um ponto fixo no qual ela tem de estar agarrada, e este ponto é o sujeito.

Nietzsche perguntou: "Mas quem troveja? O trovão troveja? É claro que não", ele respondeu. O sujeito não é necessário, a ação se basta. Quando ele aparece na frase, é um dispositivo gramatical tão histórico e contingente quanto a própria linguagem. Mas, da maneira como a linguagem está estruturada, o sujeito enquanto partícula gramatical tem sua força. E assim, não é difícil hipostasiá-lo: não só o lemos como um elemento gramatical necessário como ampliamos sua capacidade, tirando-o da condição de elemento gramatical e falando de sujeito como uma entidade com estatuto ontológico e, depois, metafísico mesmo. Foi possível convencer o forte de que a liberdade existe na medida em que ela seria algo inerente a ele próprio, forte, se ele agisse como aquilo que de fato é, ou seja, um sujeito. Ele poderia comandar sua vontade. Ora, o forte acreditou nisso. Todos nós acreditamos. Este teria sido nosso passo errado.

Essa forma de acoplar uma filosofia da história centrada no niilismo à uma tipologia filosófico-psicológica para exercer ações morais e, enfim, amarrar tudo isso à análise da linguagem enquanto observação criteriosa do uso das palavras e sentenças, deu a Nietzsche a base para fazer seu ataque à noção de subjetividade. O sujeito moderno nada seria senão uma "ilusão gramatical".

Não importa aqui se a filosofia da história de Nietzsche veio ou não a ser tomada como fantasiosa. Muito menos importa a capacidade de aplicação de sua tipologia. O que valeu, de fato, foi o poder de convencimento da ideia de que o sujeito é uma "ilusão gramatical". E se passamos a pensar assim, como ficamos diante do projeto moderno, que traça toda a busca da verdade e estabelece toda a legitimidade de julgar ações segundo a noção de sujeito? Ora, se o sujeito não existe, o que estaríamos fazendo ao tomá-lo como "ponto arquimediano" do projeto de sustentação da árvore do conhecimento? Estaríamos apenas vagando de ilusão em ilusão.

Nietzsche manteve-se produtivo apenas vinte anos. Quando escreveu seu último texto, havia selado o fim da filosofia moderna. Mordida e ferida por Darwin e Marx, ela viria a ser fustigada por Freud. Todavia, no campo mais estreito de suas questões metafísicas, foi Nietzsche quem, depois, quando suas obras começaram a ser consideradas obras filosóficas, então no século XX, deu o golpe de misericórdia na filosofia moderna. Ao mesmo tempo foi ele quem esboçou o *estilo* do que seria a filosofia contemporânea. E isso não apenas no campo da filosofia continental, mas, em certo sentido, também no campo da filosofia analítica, ainda que esta, ao menos no seu início, pudesse tentar ignorá-lo.

V

As escolas filosóficas continentais

Heidegger: para além da modernidade

No decorrer do século XX Nietzsche foi lido e relido. Alguns o interpretaram como um filósofo que parecia querer pensar a partir de uma nova cosmologia, algo que honraria o que fizeram os pré-socráticos. Outros, ainda que sensibilizados pelo seu pensamento, viram nele um metafísico – um fantástico metafísico, mas *ainda* um metafísico. Martin Heidegger (1889-1976) esteve entre esses últimos. Ele o tomou como o último dos metafísicos. Após Nietzsche se abriria uma nova forma de pensamento, esta sim, completamente fora do campo metafísico; e Heidegger tomou a si mesmo como aquele responsável por tal corte na história da filosofia.

Assumindo essa sua missão que, enfim, era vista por ele mesmo como profundamente renovadora, Hei-

degger passou a atacar tanto a metafísica tradicional quanto a sua escola rival, o positivismo. Por metafísica, Heidegger denominou aquilo que estava expresso em dois grandes paradigmas da filosofia ocidental, os de Platão e de Descartes. Quanto ao positivismo, tomou antes o positivismo lógico do Círculo de Viena que o positivismo francês, de cunho mais sociológico. Nos dois casos, muito de seu programa de indisposição contra tais escolas reproduziu *insights* nietzschianos.

Mas Heidegger não ficou somente na crítica da metafísica e do positivismo. Ele estava convencido da necessidade de fornecer uma saída para os impasses da filosofia ocidental – denunciados por Nietzsche –, que nada seriam senão frutos do que poderia ser bem exemplificado ao se considerar os rumos postos por essas duas grandes tendências do pensamento moderno. A *filosofia autêntica* teria de escapar do modo moderno de pensar. Precisaria reinventar o pensamento capaz de "desvelar o ser" – *o que é*. Por essa via, Heidegger deu forte ênfase a um revigoramento da ontologia.

Heidegger viu na metafísica, segundo o modelo platônico-cartesiano, a origem do pensamento dualista. A clássica distinção entre o real e o aparente estampada da divisão platônica entre mundo inteligível e mundo sensível teria tido sequência, na modernidade, pela dicotomia sujeito-objeto. Os modernos, imaginando libertar-se da metafísica – e este era o ideal positi-

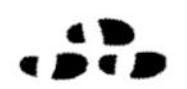

vista – teriam sucumbido a uma nova forma de metafísica, aquela do projeto cartesiano, protagonizada pelo "eu penso", a certeza do *Cogito*. Heidegger chamou a metafísica moderna de "metafísica da subjetividade".

Tendo assumido o sujeito como o substrato, o que subjaz a tudo, a modernidade definiu o objeto não só como objeto *para* um sujeito, mas como o que se mostra sobre um palco que é, enfim, o sujeito. Na modernidade, essa ideia de sujeito e essa forma de relação entre sujeito e objeto teriam se acoplado ao Humanismo. Assim, o sujeito foi assumido como o homem e o objeto como o mundo. Tudo seria para o homem, então transformado em palco do mundo e legitimador do que existe. O que existe não existiria por si, mas, uma vez objeto, existiria apenas *para* o homem-sujeito e *no* homem-sujeito. O mundo seria não o que se faz presente, mas o que é representado em um palco cujo nome não poderia ser outro senão "o homem". O mundo teria se transformado, então, em *concepção do mundo* ou *imagem do mundo.*

Se tudo ganha a propriedade de existência na medida em que é reapresentado pelo homem, tudo se comporta, ontologicamente, como passível de manipulação pelo homem. O mundo e o próprio homem nele são transformados em objetos – em algo manipulável. O homem torna-se o manipulador do homem.

Para quem segue esse raciocínio não é difícil, então, encontrar as três consequências assumidas por Heidegger como centrais no retrato da modernidade nos campos filosófico, cultural e da vida cotidiana. Na filosofia, a hegemonia da epistemologia; na cultura, o domínio da ciência; no cotidiano, a preponderância do saber tecnológico.

O pensamento filosófico, uma vez reduzido à epistemologia, teria a pretensão de estabelecer uma teoria para descrever como o homem descobre ou produz o saber, o que nada seria senão a forma de redução da filosofia ao esquema sujeito-objeto, cujo resultado nada seria a não ser a reprodução do esquema manipulativo. A cultura, uma vez transformada em cultura científica, forçaria todos a valorizarem o saber metodológico sobre outros tipos de saber. Os procedimentos ganhariam força maior que as metas. A vida cotidiana, então conduzida pela tecnologia, terminaria por ver tudo em termos de "recurso" – o que "rende" e o que "não rende". Nós mesmos nos veríamos assim. Pela educação, principalmente, procuraríamos nos transformar em elementos mais habilidosos para servir como recurso – "recursos humanos" –, tais como os objetos ao nosso redor. Nosso propósito seria o de nos fazer passíveis de troca. Um propósito que pudesse ser chamado essencial, isto é, imanente às entidades do mundo, desapareceria uma vez que nós e todas as coisas do mundo simplesmente teríamos passado a pertencer ao campo da circulação dos objetos, imposta pela tecnologia.

Com a fenomenologia que aprendeu de Edmund Husserl (1859-1938), Heidegger quis escapar desse mundo em que nosso encontro com as coisas e conosco nos faria manipuladores e, assim, dominadores e dominados ao mesmo tempo. A manipulação e a dominação implicariam violência – física, inclusive. Essa violência teria um corpo bem determinado: a cabeça seria formada pela filosofia, como epistemologia ou "metafísica da subjetividade"; o coração seria a ciência; as mãos, a tecnologia. E pior: a violência não seria ilegítima, uma vez que tudo teria se transformado em peça, em recurso, em coisas que rendem ou não rendem. E tudo que é recurso, coisa, poderia ser violentado sem grandes reclamações.

Como a fenomenologia tiraria aquele que opta por ela dessa condição da vida moderna?

Heidegger propôs que percebêssemos que a filosofia como epistemologia, a cultura como Humanismo e a ciência como tecnologia poderiam ser deixadas de lado, para que voltássemos a conviver com o que perdêramos: o ser – *aquilo que é* e que *se mostra*, e não o que é representado. Como fazer isso? A filosofia que retoma a linguagem e dá a devida atenção a ela deveria apontar um caminho para a emergência da voz do ser.

A filosofia poderia se voltar para a linguagem, mas de um modo completamente diferente do que estaria sendo ensinado pelos filósofos analíticos ligados ao positivismo lógico. Nenhuma "análise da linguagem" daria bom fruto. Não teríamos de reduzir a linguagem para que ela, resumida a um código simples, pudesse ser colocada em paralelo com o que seriam as sensações, para então obter o suposto "contato real com o mundo" – este seria o projeto do positivista: o projeto inimigo de Heidegger.

Teríamos de voltar a experienciar a linguagem segundo o que se manifesta, segundo o *fenômeno* da linguagem, de modo a deixar aquilo que é – o ser – se fazer presente em sua morada. Deveríamos deixar a linguagem se mostrar como é; como o que fala para nós e por nós, e não o que é falado segundo nosso comando de pretensos sujeitos. Um exercício simples pode levar ao entendimento do que Heidegger planejou para escapar da condição moderna e deteriorada em que estaríamos vivendo.

Por exemplo, olhe para determinada paisagem e comece a descrever o que vê. Perceba que cada coisa que enuncia – carro, árvore, cachorro – não indica uma experiência efetivamente sua, deliberada, nascida entre você e o enunciado. Perceba que cada palavra enunciada já estava dada antes, criada e estabelecida significativamente em uma rede de outras palavras, ou seja,

a teia de tudo aquilo que aprendeu como semântica e sintaxe que dão o norte, o rumo, o conteúdo do que se pode fazer ao falar do que se fala. Com um pequeno esforço, poderá notar que a paisagem e cada um de seus elementos podem não ser percebidos como nomes fornecidos por você e, por isso, prenhes do que é pré-dado por você; a paisagem (e tudo nela) pode emergir como o que efetivamente é. A linguagem é essa rede anterior a você que, se ouvida sem o que você enfia nela de pré-dados, fará você escutar o som originário, a voz do que efetivamente é.

A experiência fenomenológica pode ocorrer se você ouvir a linguagem. É ela, a linguagem, quem realmente fala, e não você que fala com ela. Nela, na linguagem, há a experiência originária – mas se você não a escuta, não pode viver tal experiência. Não se trata de experiência autêntica se você, em vez de escutar a linguagem, escuta apenas a si mesmo falando. A experiência fenomenológica mostra que caímos na linguagem, que fala por nossa boca. Não enxergamos nada do que pensamos enumerar e descrever, pois o que efetivamente ocorre é a linguagem falando. Então, é melhor prestar atenção a ela e, com sorte, ouviremos o que é – o ser que se manifesta em sua morada, a linguagem.

Quando a experiência fenomenológica se faz, tomamos consciência do que é "ver" e "escutar". Passamos a prestar atenção no modo que *realmente* vemos.

É isto: olhamos para a janela, mas não vemos o que a ciência diz que vemos e o que imaginamos que seria uma experiência. Vemos "a luz"? Não! Vemos uma coisa. Mas que coisa? A ciência diz que a luz, por meio de ondas, atinge a coisa e, então, pega nossa retina – e assim vemos a coisa que está diante de nós e emitimos um som com o qual damos nome àquela coisa. É isso? Nada disso. Isso é o conto da ciência, não a manifestação do que é. Não vemos a luz ou ondas. E a coisa que vemos só se delimita, ganha contorno e, assim, recebe algum significado por já estar prenhe de significado na teia da linguagem, e de modo algum fomos nós os autores do significado.

Em uma experiência autêntica, além do que a ciência ensina que é a experiência, vemos coisas que são o que são por estarem se manifestando como som emitido pelas palavras; ou seja, ela própria, a linguagem, usando nossa boca, nos fala e fala para todos – nela, em sua rede, há o significado e, então, o som se faz som, palavra. Temos a capacidade de ouvi-la? Essa capacidade de ver o fenômeno da linguagem, nessa dimensão profunda que escapa ao modo moderno de conversar (e que implica o sujeito/objeto e a representação) é que se faz presente o método de Heidegger. Foi isso que, em boa medida, ele propôs como filosofia.

Os frankfurtianos: como ainda ser iluminista?

Como Heidegger, uma parte dos membros da Escola de Frankfurt também buscou uma via que pudesse levar a filosofia a ultrapassar a metafísica e o positivismo. Aliás, de um modo muito semelhante ao de Heidegger, avaliaram o mundo moderno como envolvido em uma névoa de culto à tecnologia – e também foram taxativos na condenação dessa situação. Mas acreditaram que a proposta de Heidegger – a de se voltar para a escuta do *ser*, buscando a experiência originária da linguagem – seria uma traição para com os ganhos do Iluminismo. Ela estaria comprometida com o enxugamento do sujeito, como já fora pré-figurado por Nietzsche como uma solução. Ora, no programa do Iluminismo, não há que se tirar a prerrogativa do indivíduo autônomo – uma das formas do sujeito – de comandar os processos todos que se colocam ao seu redor.

Segundo os frankfurtianos, o programa dos iluministas e, de certo modo, o projeto moderno, deveria ser criticado na medida em que teria se tornado caolho, incentivando apenas um tipo de racionalidade – a executada pela "razão instrumental". A modernidade estaria reduzindo e invalidando o sujeito. Portanto, não seria compactuando com isso que teríamos uma solução para os problemas modernos. O remédio fornecido por Heidegger aprofundaria a doença em vez de atenuá-la, uma vez que este remédio já faria parte da própria doença.

Theodor Adorno (1903-1969) e Max Horkheimer (1895-1973), os principais expoentes da Escola de Frankfurt, escreveram um livro denominado *Dialética do Iluminismo*. Alegoricamente, o livro nos mostra a "história da razão ocidental" como um processo em que cada movimento filosófico da história da cultura toma para si a tarefa de desmitologização do pensamento. Isso é feito na medida em que cada doutrina acusa a doutrina antecedente (a palavra antecedente, no caso, não deve ser entendida em sentido cronológico) de conter elementos ainda não completamente depurados de mitologia, uma vez que prenhes de pressupostos metafísicos.

No livro em questão, Adorno e Horkheimer mostram a miséria da modernidade centrada na maneira como a razão teria se configurado. Eles explicam esse processo por meio de uma "dialética da razão" e por uma "proto-história da subjetividade". A seguir, exponho essas duas formulações.

A dialética da razão dos dois frankfurtianos mostra uma disputa entre a "razão subjetiva" e a "razão objetiva". A razão instrumental é denominada subjetiva, isto é, a própria razão finita utilizada pelo homem como indivíduo. Nada faria além de buscar os meios mais rápidos e eficazes para atingir fins, deixando de lado a avaliação dos fins. Então, a avaliação dos fins não mais ocorreria? Não teríamos de ter uma razão objetiva, capaz de trazer à baila as determinações necessárias e universais e não somente as determinações daquele que opera momentaneamente sobre alguma coisa, e quer encerrar sua tarefa com menos custos possíveis? É claro que uma razão assim, objetiva, teria de ser evocada. Todavia, a vitória do Iluminismo foi uma vitória contra essa razão. A razão objetiva foi preterida por obra de uma acusação legítima, a de ser um arauto do autoritarismo contra as liberdades e desejos do indivíduo.

Em termos de disputas de escolas filosóficas, essa filosofia da história de Adorno e Horkheimer mostram os sistemas de razão objetiva, como os de Platão, sendo derrotados por sistemas de razão subjetiva, como os que eles passam a enxergar no pragmatismo de John Dewey, por exemplo.

Segundo esse tipo de filosofia da história, os destinos da razão no Ocidente estão configurados: buscando se safar do autoritarismo da razão objetiva, a modernidade teria se realizado como o império da razão instrumental. Tal império nada seria senão a condição vigente, a de predomínio das atividades de cálculo sobre quaisquer outras. A tecnologia e a vida sob constante e crescente administração seriam o produto de tal tipo de concepção vigente de racionalidade. Sendo assim, não poderíamos mesmo ver o homem senão como um objeto, isto é, uma "coisa a mais no mundo", podendo, então, ser efetivamente tratado como coisa. A manipulação e, enfim, a violência seriam as consequências naturais de tal situação.

De modo algum poderíamos abandonar a perspectiva de nos colocar como sujeitos no mundo, senhores de razão – isso deveria permanecer em nosso horizonte mesmo que apenas como utopia. A Escola de Frankfurt concordou com Heidegger no sentido de que estaríamos vivendo na experiência inautêntica. Na terminologia frankfurtiana: todos nós vivemos sem a possibilidade de alguma experiência, pois nos deixamos *reificar* (ou *coisificar*). Teríamos aceitado nos transformar em coisas por imposição de nossa organização social e cultural. Mas a tarefa da filosofia, segundo os frankfurtianos, não deveria ser a de escutar a linguagem e fazer submergir o sujeito – este seria o projeto de Heidegger, que, segundo eles, levaria a uma maior dominação e não ao fim da dominação e da violência. A tarefa da filosofia seria voltar à história do pensamento para explicar cada passo da razão no caminho que a transformou em razão instrumental. Eis a esperança desesperançada dos frankfurtianos: talvez pudéssemos encontrar uma via para entender como outras dimensões da razão, no decorrer da formação do indivíduo moderno ou do sujeito, se perderam.

Das três dimensões da razão – *eros, cronos* e *logos* – teríamos ficado apenas com a dimensão do cálculo, o *logos;* deveríamos investigar esse caminho de perda e desvio. Os frankfurtianos acreditaram que haveria algum ensinamento nessa busca pela perda de rota da razão. Seria necessário saber como montamos a subjetividade moderna da maneira como o fizemos, e não exclusivamente condená-la, como teriam feito Nietzsche e Heidegger.

Assim, o livro *Dialética do Iluminismo* expõe a história da razão acoplada à "proto-história da subjetividade". Nessa narrativa o homem se torna racional, mas o faz de um modo perverso – para com o outro e para consigo mesmo. Buscando se livrar rapidamente dos mitos que criam um mundo que alimenta a imaginação e os pesadelos, o homem vai se transformando em sujeito racional por meio de estratagemas. Essa alegoria da "proto-história da subjetividade" é contada por meio de uma magnífica leitura da história de Ulisses de volta da Guerra de Troia para sua ilha, Ítaca, o conteúdo da *Odisséia*, de Homero.

No percurso da viagem, Ulisses se encontra com várias das potências míticas e, para se safar delas, ele cumpre tudo que elas propõem, que nada mais é que o ritual de adoração que cada mito exige de cada mortal. Todavia, a maneira como ele cumpre o ritual é totalmente formal. Obedece aos rituais, mas apenas como protocolos burocráticos. Portanto, já como um sujeito protorracional. Mas essa racionalidade é não outra senão a dada por um *logos* monstruosamente ampliado pelo fato de não saber mais agir a não ser pelo cálculo do estratagema. E eis então que, ao final do processo, o homem ultrapassou todas as potências míticas por meio de vários engodos. Quando termina a viagem, Ulisses é o indivíduo moderno racional – mas munido de uma racionalidade que não é outra senão a racionalidade instrumental. Ora, mas haveria chances de ele ter feito a viagem que fez de outra maneira? Não. Desde o início, ao preparar o primeiro estratagema contra a primeira potência mítica que teve de enfrentar, exatamente por acreditar que deveria obedecer ao mito apenas formalmente, ele já estava sob os desígnios de uma protorracionalidade. Caso não, ele simplesmente teria sucumbido ao ritual da potência mítica em questão, encerrando a viagem.

O homem promove, assim, o processo que Max Weber denominou "desencantamento do mundo". Nesse processo o homem se faz sujeito racional. Todavia, o racional, nesse movimento, cai sob um destino, o de hipertrofia da racionalidade técnica e instrumental. Deixa *eros* (o amor) e *cronos* (o tempo) para trás, manuseando somente a habilidade de se aproveitar do que garante sua sobrevivência.

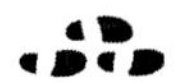

Após terem mostrado essa criativa história da razão e do sujeito, Adorno e Horkheimer viram que contaram algo que não poderia ser contado de outra maneira. Falaram por alegorias e metáforas. Por quê? Por causa da denúncia de Nietzsche: "não há fatos, só interpretação". Essa denúncia, na filosofia frankfurtiana, se transforma na conclusão do processo chamado "dialética do Iluminismo".

A "dialética do Iluminismo" é um processo autofágico incessante. Cada doutrina denuncia a anterior como mitológica ou metafísica, o que, em certo sentido, é a mesma coisa. Mas, em um determinado momento, há de se pensar: como é possível para uma nova doutrina – inclusive a deles – denunciar a doutrina anterior, chamando-a de ideológica ou mitológica ou mistificadora, e então ficar livre, ela mesma, de adquirir poder sobre outros por ter levado adiante o processo de desmistificação? Não é conferido poder a quem desmistifica? Esse ganho de poder não teria sido o real objetivo de quem denuncia seu opositor como não estando em busca da verdade, mas apenas do poder? A própria condição de denunciante não é um mecanismo de conquista de poder? E não seria esse mecanismo, talvez, tão mistificador quanto qualquer outro? Não estariam eles próprios envoltos ao maquinário da desmitologização denunciado na filosofia da história do *Dialética do Iluminismo* (*Dialektik der Auklärung*)?

O resultado dessas perguntas, ao final, é que toda e qualquer posição teria como destino a perda de sua legitimidade inicial. A questão posta pela Escola de Frankfurt, então, foi a seguinte: como filosofar, escapando da metafísica, sem cair na vala comum das doutrinas que se apresentaram na "história da razão" ou na "dialética do Iluminismo"?

Uma das maneiras de a filosofia se livrar do problema foi usada no próprio livro de Horkheimer e Adorno, o *Dialética do Iluminismo*. A história do pensamento ocidental não é analisada para mostrar a verdade da história, mas como uma alegoria para nos fazer pensar. Essa foi uma das vias do trabalho dos frankfurtianos, que também se empenharam em outra maneira de filosofar. Qual?

Adorno e Horkheimer adotaram uma estratégia poderosa, a saber, a de voltar contra cada filósofo (inclusive, é claro, contra eles mesmos) imortalizado pela história da filosofia seus próprios argumentos, para levá-lo a um impasse, gerando então o que a filosofia classifica, em seus dicionários, de "quietismo": não se pode falar do mundo positivamente, apenas se pode falar sobre a impossibilidade dos filósofos de falar do mundo. O mundo deve passar pela crítica radical, negativa – e isso é tudo.

A ideia de que a filosofia não pode falar positivamente do mundo não era, para uma boa parte dos filósofos da Escola de Frankfurt, uma conclusão advinda somente de estudos epistemológicos. Isto é, a questão não seria importante única e exclusivamente por nos levar a girar em torno da tese "não há fatos, só interpretações", segundo uma ótica de estudos sobre o ceticismo e afins. A conclusão veio, também e principalmente, por sua faceta política, a do envolvimento do homem com o poder. Assim, no âmbito da disputa de poder, quem denuncia um discurso como ideológico, a fim de diluir o poder do emissor do discurso, acabaria, ao final, adquirindo poder sobre aqueles que são "esclarecidos" pela contraideologia, o que geraria então um círculo. Como sair desse círculo? Como sair de tal situação sem ter de usar do recurso da alegoria e da metáfora – um recurso visivelmente limitado – como se fez no livro *Dialética do Iluminismo!*

Adorno e Horkheimer foram especialistas no trabalho de escrever a filosofia em forma de aforismos. Seus pequenos textos e ensaios tinham como objetivo levar o leitor a um impasse que, com sorte, poderia iluminar algo, mas que, ao final da leitura, anunciaria a autodestruição (lógica) do aforismo lido. Os melhores aforismos de Adorno e Horkheimer seguiram esse método. Cada qual se mostra, ao final da leitura, como exercício de autorrefutação. O livro *Mínima Moralia*, de Adorno, é talvez a melhor obra escrita nesse estilo.

A cada aforismo, os argumentos de um filósofo, lançado contra ele próprio, também se voltam contra aqueles que escreveram o aforismo e que, de certa maneira, adotaram uma posição inescapável e circular, a de querer clarear o que haveria de ideológico na filosofia do pensador em questão. Levando essa atitude ao extremo, Adorno chegou a afirmar que a tarefa do filósofo era falar para convencer o outro de que ele, o filósofo, não tinha razão.

Outra dimensão mais positiva, mas ainda no interior da perspectiva da resistência à inescapável "condição moderna", foi adotada por eles com base em alguns aspectos da teoria de Freud.

Adorno e Horkheimer desenvolveram uma boa sensibilidade em relação à teoria freudiana. Absorveram de Freud as noções de "repressão" e "sublimação", e lhes deram nova roupagem. A "repressão" seria o estágio pelo qual tendências de censura seriam impostas à criança – um estágio inicial. As energias (libidinais) das crianças teriam de ser canalizadas para que elas obtivessem satisfação em atividades culturais, não-bárbaras, não-reificantes e reificadoras. Ocorreria, então, a "sublimação", a completa transformação das energias (libidinais) em motivações para o desenvolvimento da cultura. Uma pedagogia favorecedora desse processo deveria ser premiada. A falta de um processo educacional – não só escolar, mas social – capaz de levar as pes-

soas à sublimação seria o responsável pelo fato de elas serem controladas socialmente por repressão. Uma sociedade assim, não raro, pode requisitar a repressão para sua sobrevivência.

Adorno e Horkheimer explicaram a "personalidade autoritária" e o comportamento dos nazistas evocando tal teoria: eles, os autoritários e nazistas, teriam chegado à vida urbana de modo muito rápido e, por isso, foram violentados por uma série de circunstâncias vitais das grandes cidades, da vida moderna, da tecnologia, do movimento de massas e do trabalho industrial. Reprimidos nesse tipo de vida e humilhados por condições que não entendiam, eles se sentiam rejeitados por não conseguirem usufruir plenamente de uma situação moderna, na qual outros tinham sucesso. Aderiram então ao autoritarismo e aos chefes que lhes prometiam vingança contra tudo aquilo que identificavam como algozes. A vingança contra o "sistema" – o termo "sistema", neste caso, poderia ser lido como "os ricos", "os intelectuais", "os capitalistas"; todos os nomes dados aos judeus.

Sartre e o "condenado à liberdade"

Heidegger e a dupla Adorno e Horkheimer escreveram antes e depois da Segunda Guerra Mundial. O tema da liberdade esteve subjacente aos escritos dessas duas escolas. Todavia, esse tema só ganhou o pódio em uma escola filosófica que ganhou força no pós-Guerra, o existencialismo de Jean Paul Sartre (1905-1980).

Se não levarmos em conta algumas teses de Dewey e dos principais frankfurtianos, podemos tomar Jean Paul Sartre como o principal grande filósofo do século XX que contrariou a tendência de desqualificação do Humanismo ou de crítica a esse grande movimento. Também em relação à noção de sujeito, ele tendeu a se manter muito mais próximo da filosofia moderna do que seus parceiros. Todavia, como a maioria, procurou filosofar sem pressupostos metafísicos fortes. Contra o "essencialismo" ele advogou o "existencialismo".

Sua escola, a do existencialismo, foi algo tão ou mais amplo quanto o movimento intelectual da Escola de Frankfurt. Em determinado período do século XX, os mais diferentes e divergentes filósofos se afirmaram existencialistas. A ideia básica do existencialismo de Sartre era a de que "o homem está condenado à liberdade". Assim, nada poderíamos fazer ao ter de tomar qualquer decisão, senão criar ou inventar nossa própria saída para nossos impasses, exercendo assim a liberdade e responsabilizando-nos pelas consequências de nosso ato. Nada viria em nosso auxílio para nos eximir, depois, da responsabilidade da decisão que tomamos. Nada teria ofuscado nossa liberdade, pois esta seria a única coisa efetivamente obrigatória em nossa vida.

Todos os nossos atos – linguísticos ou não – seriam de nossa responsabilidade, e de mais ninguém.

Uma compreensão errada do existencialismo que, não raro, esteve presente na história da filosofia do século XX foi a de evocar atenuantes de toda ordem para dizer que o homem não age livremente como Sartre afirmava. Mas a liberdade sartreana não pode ser atenuada, uma vez que não foi pensada no contexto de influências psicológicas, históricas, ideológicas e coisas do tipo. Todas essas barreiras não podem ser evocadas porque nenhum homem consegue não exercer algo que é elemento central da liberdade: a decisão. Um exemplo: você pode decidir algo que lhe seja ruim ou bom, mas jamais será capaz de *não decidir* (não decidir é *decidir* não decidir, lembre-se). Uma vez feita a opção, ela cria uma trilha, um rastro, um tipo de "jurisprudência". Daí para diante, todo homem pode fazer referência à opção que você tomou para melhor ponderar suas próprias escolhas.

Para Sartre, não existe nenhuma essência humana, segundo a qual agiríamos ou não (sendo que a não ação é uma ação). A única condição humana seria a de estar no mundo, de existir. Uma decisão *X*, então, estabeleceria uma *projeção* do homem (que tomou a decisão) no mundo. Sua existência seria projetada no mundo e ofereceria uma via a mais para a humanidade caminhar – a via aberta ou reaberta de *X*. Todos os homens, então, teriam sido redefinidos. O senso comum não-existencialista diria: o homem é aquele que por natureza toma (entre outras) a decisão X. E o existencialista diria: o homem é aquele que decide e, se um deles decidiu por X, mais um caminho está aberto para a humanidade.

Mais um exemplo: você está em um ônibus e seu ponto está próximo. Nesse momento, um malfeitor entra no ônibus e você percebe que o ambiente, ali, vai se deteriorar. Sua pressa para descer aumenta. Quando o ônibus se aproxima do ponto, você nota que lá fora há uma confusão entre policiais e ladrões e um grande tiroteio. Descer ali seria altamente perigoso. Pois bem, como decidir? Ficar? Descer e correr? Descer e ir para a esquerda, onde parece estar mais calmo? Ou descer e ir para a direita, onde, apesar das atribulações, está a polícia? Ou simplesmente não descer? Nessa hora, o que ocorre é que *você vai* decidir – ninguém fará isso por você. Não são as circunstâncias que decidem. É você que está assumindo sua existência – que é sua vida no interior de todas as circunstâncias – e que vai decidir, pois isso *é estar no mundo.* Feita a escolha, sua vontade, sua tomada de posição se faz presente no mundo, é projetada no mundo e abre uma via pela qual o mundo passa a ter um acontecimento a mais. Para o mundo, um fato; para você, uma situação que lhe trará consequências. Para a humanidade, uma via a mais.

Não importam mais quais são as consequências, após a decisão, pois você deve arcar com elas. Fez uma escolha e, fazendo a escolha, exerceu sua liberdade. Exerceu a liberdade como quem não tem outra saída senão optar e exercer a liberdade. Não há como culpar as circunstâncias e dizer "não escolhi, segui o caminho do mal menor". Pior ou melhor, a decisão foi sua. Não haveria sentido imaginar decisões sem circunstâncias, piores ou melhores. Se assim fosse, não haveria mundo, nem existência alguma. Se você pudesse optar e no ato de optar mudar as circunstâncias, não estaria optando nem se encontraria em uma situação vital e natural; estaria, isso sim, num mundo mágico. Se a cada opção você pudesse mudar as regras do jogo, ou seja, alterar o mundo, a vida não ocorreria. Se assim fosse, não valeria falar em liberdade ou em opção ou em decisão – não estaria ocorrendo nada, não haveria o plano da existência, isto é, o plano no qual ocorre a vida e todas as suas regras.

A doutrina humanista que Sartre abraçou, portanto, era bastante diferente do Humanismo dos modernos. Para Descartes e Rousseau o homem tinha, sim, uma essência. A razão lhe era inerente. Para Sartre, as determinações do homem não seriam dadas por nenhuma essência, nenhuma instância metafísica, mas somente pela existência. E a existência seria, enfim, viver e estar sob a condenação de ser livre.

Sartre nunca pensou em uma noção de liberdade que não fosse exatamente esta: a liberdade só se faz presente no momento da decisão. Não há o "espírito da liberdade". A liberdade é o ato de decidir, de negar uma possibilidade e afirmar outra. Esse ato consubstancia a liberdade; não importa para qual lado a decisão penda, o ato que faz a própria liberdade ocorrer é o de decidir. Terminado o ato, a liberdade desaparece novamente, para ressurgir no ato seguinte.

FOUCAULT: MODERNIDADE, CORPO E INTERPRETAÇÃO

Na tradição dos leitores de Marx e Freud, os frankfurtianos assumiram a modernidade como uma *situação* na qual o "corpo" e os "impulsos" apareciam como reprimidos ou sublimados – poucos poderiam dizer que haviam escapado de proibições de prazeres ou de acusações de ter comportamentos ditos não-civilizados. Poucos poderiam afirmar ter escapado de uma vida menos submetida a duras rédeas sobre o físico. Divergindo dessa visão, Michael Foucault (1926-1981) viu a modernidade marcada por uma nova relação dos indivíduos com o "corpo" e com os "impulsos".

A modernidade, na visão de Foucault, denotou uma característica interessante a respeito do "corpo". Teria havido uma suavização em relação a tudo que os indivíduos pensam sobre punições ao "corpo" e "liberdade corporal", mas isso não evocaria obrigatoriamente

algo ligado à repressão ou à sublimação. Nada, na modernidade, mostraria certo "desinteresse pelo corpo", fruto de uma reificação generalizada de tudo que é atinente ao "corpo" – operação médica, exposição do nu, dança erótica etc. Ao contrário, para Foucault a modernidade podia ser descrita pelas relações entre "corpo" e "poder", segundo uma ótica de incentivo para o "corpo" e de interesse positivo pelo "corpo".

Analisando o poder nos séculos XVII, XVIII e XIX, Foucault propõe na sua *História da sexualidade* que a modernidade seja caracterizada por uma "anatomo-política do corpo" e uma "biopolítica da população". A primeira tem relações com as "disciplinas", os procedimentos do poder que, a partir do "corpo como máquina", foram as responsáveis pelo seu adestramento, ampliação de aptidões, extorsão de suas forças, crescimento paralelo de sua docilidade e utilidade na sua integração dentro de sistemas de controles eficazes e econômicos. A segunda tem a ver com os controles reguladores. Aqui, as intervenções do poder olham para o "corpo-espécie" e se preocupam com as taxas de natalidade e mortalidade, os níveis de saúde, a duração média de vida. Esses dois procedimentos do poder caracterizam a modernidade como uma época em que "o velho direito de causar a morte ou deixar viver" – delineador do poder nas sociedades não classicamente modernas – sai da cena principal em favor do poder de "causar a vida ou devolver à morte". Assim, "anatomo-política do corpo" e "biopolítica da população" revelam um poder exercido positivamente, desencadeador de forças que não têm como referência a morte (a punição, pelo direito do soberano de condenar à morte). O novo poder é um poder liberador de forças que se exercem em função da gestão da vida. A modernidade, como Foucault a mostra, é a época em que o poder investe no "corpo" vivo.

Em vez de acompanhar Max Weber, que apostou na aliança entre protestantismo e capitalismo para a produção de uma moral ascética capaz de colaborar com a engrenagem moderna, Foucault prefere usar sua própria terminologia, dizendo que a modernidade presenciou a "entrada da vida na história das técnicas políticas". Foucault não vê a modernidade como um local que poderia aceitar Aristóteles caracterizando o homem como "animal político". O homem moderno, para Foucault, veio a se manter, sim, como um animal, mas um animal com sua vida corporal, sua condição de ser vivo, como elemento que se põe no centro da política.

Assim, o poder não deve ser tomado como o que reprime, no sentido de empurrar *de volta* o que quer se desenvolver. O poder está associado à definição de "tempos modernos" em um sentido específico: atua para *puxar* o desenvolvimento, *o novo,* as forças positivas, a vida. Foucault não diz, com isso, que a modernidade é a época de supressão da dor, embora também lembre que muito da dor física, no sentido mais brutal do termo, é eliminado ou transformado. A modernidade, para ele, se fez como maneira na qual seria possível ver o que se abre a partir dela. Quando tomamos a análise em que prevalece a noção de "ideologia" e de "repressão", e em que tudo leva a crer que vivemos sob um poder que se exerce negativamente, para abafar potencialidades, então o futuro parece não existir. O futuro, assim, se é que pode ser vislumbrado, seria apenas sobra, resto – aquilo que ainda não teria sido esmagado pela repressão e redirecionado pela sublimação. Foucault devolve à história a noção de futuro.

Ao lado dessa redescrição do poder moderno, Foucault analisou também o sujeito e a verdade. Todavia, como ele próprio afirmou, não quis encontrar a verdade a partir do sujeito, mas contar a própria história da verdade e do sujeito. E, é claro, sem se importar com a pergunta sobre se tal história seria verdadeira ou não.

Dessas investigações ele fez brotar uma das mais fecundas observações sobre aqueles que fustigaram a modernidade, empurrando o pensamento ocidental para outros paradigmas: Marx, Freud e Nietzsche.

Levando a sério a frase de Nietzsche "não há texto, só interpretação", Foucault colocou no horizonte da filosofia a pretensão de construção de um compêndio de todos os sistemas de interpretação. Em um opúsculo com o título *Nietzsche, Freud e Marx* ele diz que a grande diferença da interpretação antes e após esses pensadores é a de que, após eles, ocorreu uma modificação substancial do espaço em que os símbolos podem ser símbolos.

Neste opúsculo, Foucault levanta exemplos para argumentar sobre essa tese. Mas o que ele efetivamente objetiva é mostrar que a partir desses pensadores a tarefa de interpretação se torna infinita. Não há e não pode haver a "interpretação final". Todos os três não interpretam outra coisa senão interpretações. Marx não interpreta a economia, mas a economia política que, por sua vez, se tomava como natural. Freud faz interpretação de interpretações. Foucault lembra que Freud inventou o superego quando escutou de um paciente: "eu sinto um cão em cima de mim". Por sua vez, Nietzsche assume que a interpretação não só não tem fim, mas não tem começo. Não há origem na interpretação.

A partir dos três pensadores citados, Foucault diz que o símbolo se mostra não aquilo que deve ganhar uma interpretação para se justificar, mas, contrariamente, eles próprios já são interpretações que estão em busca de justificação. Os saberes de Marx, Freud e Nietzsche deslocam o espaço do que é símbolo ou não exatamente nesse sentido: quando há um símbolo o que lhe segue não é uma interpretação, mas uma interpretação da interpretação, uma vez que o símbolo já é, ele próprio, uma interpretação.

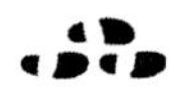

Derrida: as funções da linguagem e a "desconstrução"

O ponto de partida do pensamento estruturalista pode ser encontrado nos trabalhos do linguística Ferdinand de Saussure (1857-1913), que contrariou as duas grandes tendências filosóficas modernas, a dos racionalistas e a dos empiristas. Diferentemente dos racionalistas, ele negou que o significado fosse dado por nomes fixados por essências; contrariando os empiristas, descartou a ideia de que o significado fosse originado por nomes dados segundo a experiência sensível. O significado seria função de sua posição em uma *estrutura* da linguagem subjacente e não imutável.

Cada objeto linguístico seria definido não a partir de elementos que lhe seriam inerentes e, sim, em uma relação negativa com outros objetos linguísticos, em um sistema. A linguagem seria um sistema de signos. Esses, por sua vez, combinariam sons e conceitos, relacionando-os por uma teia de convenções. O caráter convencional da relação interna entre os componentes do signo faria dele um elemento arbitrário. Sendo assim, o signo não teria essência e não apontaria para nenhuma finalidade, e estaria longe de ser o aval para a ideia platônica de conceitos universais, absolutos, dados pelas formas puras.

Esse antiplatonismo caracterizou todo o estruturalismo. Os chamados neoestruturalistas ou pós-estruturalistas radicalizaram o antiplatonismo dos primeiros estruturalistas. Ao recusarem a cristalização de dualismos, também deram suas costas ao positivismo.

Inspirado em Nietzsche e Heidegger, Derrida procurou atacar o platonismo alertando para uma característica da linguagem que teria envolvido e dominado a filosofia. Ao querer apresentar a "realidade" e o "significado", a filosofia não teria percebido – ao menos se a entendermos como um discurso que sempre foi honesto – que teria se colocado em posição superior a outros discursos, mas sem grande legitimidade para tal. O discurso filosófico não seria superior ou inferior a outros discursos, escritos ou falados, como os da ficção e das ciências, e sofreria das vicissitudes de toda linguagem quando se dispõe a dizer o que são "significado" e "realidade". Todo discurso, em tal tarefa, cairia em autodestruição – se desconstruiria.

Jacques Derrida (1930-2004) afirmou – sem se importar com a acusação de que tal sentença é uma autorrefutação – que todo "significado" ou "o que é" (ser), ao se fazer presente, cria uma ausência. A ausência seria sua presença. Ou seja: quando alguém diz uma palavra, inúmeros significados implicados faltariam, e inúmeros outros se sobreporiam. Um discurso se desenvolveria como algo vivo. O mesmo ocorreria com todos os enunciados, de modo que o conjunto ganharia vida própria uma vez que não poderia não ser

alterável por si mesmo. Essa sobredeterminação de significados, o excesso de significado que todo discurso acumularia, poderia ser notado quando se percebe que não é somente o contexto que determina o significado, mas, também, que o significado determina o contexto. Se assim é, todo discurso poderia terminar abandonando os princípios lógicos com os quais se inicia; o discurso se "desconstruiria" enquanto estivesse sendo construído. O discurso filosófico, que se pensa imune a isso, estaria tão sujeito a essa contínua alteração como qualquer outro e, por isso mesmo, as dualidades da metafísica – realidade/aparência, fato/valor, certeza/dúvida etc. –, por uma característica da própria linguagem, não fixariam o que pretendem fixar, estariam sempre em colapso, como quaisquer outras constelações instaladas em narrativas muito menos pretensiosas do que as da filosofia.

Como a filosofia frankfurtiana, também a postura pós-estruturalista se apresenta negativa. O pós-estruturalismo, por isso mesmo, tem dificuldades de articulação com propostas doutrinárias. A filosofia de Adorno e Horkheimer ao menos guarda a possibilidade, que parece negada ao pós-estruturalismo, de uma atitude de resistência. Todavia, uma das facetas da filosofia de Derrida pode ser diretamente ligada a um projeto nitidamente positivo, inclusive possível de ser revertido para o campo político, comunicacional e educacional.

Trata-se da crítica ao "mito da inocência" presente na filosofia de Rousseau.

O mito da inocência, uma das bases da filosofia da educação moderna, é posto na berlinda pela maneira com que Derrida observa a linguagem.

Sócrates nunca escreveu nada. Platão, que escreveu, elogiou Sócrates por isso. A conversa e a linguagem falada seriam os melhores modos de nos comportarmos no exercício intelectual. Rousseau, por sua vez, se manteve firme na proposta de condenação da escrita quando confrontada com a fala. A fala seria sempre uma maneira de aproximação dos homens e, ao mesmo tempo, um modo de não se deixar enganar, uma vez que pode ser corrigida no ato em que é emitida. A escrita, ao contrário, está sob regras que permitem subterfúgios. Uma frase do tipo "Feche a porta" é um pedido gentil e suave ou uma ordem raivosa e irritada? A escrita não revela isso; somente a fala pode ser mais transparente. Todavia, o problema seria outro, também levantado por Sócrates e Platão. A escrita limitaria muito a resposta e poderia, por isso, ser utilizada para a manutenção de determinadas estruturas de poder e hierarquia; a falsidade e a mentira estariam associadas, aqui, ao poder. A fala, instrumento não propriamente tão sofisticado da cultura quanto a escrita, seria então, de Platão a Rousseau, o elemento mais saudável. Rousseau, propenso a elogiar tudo que estivesse aquém do alcance da máscara social, e mais próximo da natureza original, ficou satisfeito com seu elogio à fala.

Esse elogio da atividade da fala e a consequente desvalorização da escrita esteve presente na antropologia rousseauísta de Claude Lévi-Strauss. Entre os índios brasileiros, ele recolheu o material necessário para fortalecer a tese central platônica-rousseauniana. A história é a seguinte: na troca de presentes entre índios e brancos, o cacique quis servir de intermediário. Pegou todos os presentes e uma folha de papel em branco. Então, fingiu ler os nomes dos índios e o presente indicado para cada um. Assim, conseguiu ficar com os melhores presentes. A conclusão do antropólogo, uma vez lida com as lentes de Rousseau, foi que o cacique mostrou quanto a escrita, instrumento da cultura, introduziria não só o erro, mas a desonestidade.

A leitura de Derrida a respeito do episódio é diferente. Ele levanta a seguinte hipótese: o cacique estava propenso a enganar seus subjugados desde sempre, e não apenas quando tomou conhecimento do instrumento de escrita e leitura do branco. Derrida lança mão, nesse caso, de seu passado estruturalista. Saussure levantara a tese de que a fala e a escrita têm a mesma base, que seria a de toda e qualquer linguagem: a de oposição. A linguagem seria um sistema de oposições. Uma palavra, para fazer sentido para um ouvinte, exige que ele tenha outros sentidos em mente – já aprendidos e dispostos. É na oposição a essas palavras já dispostas que haveria o entendimento da próxima palavra. A escrita e a fala não se diferenciariam. A segunda não contribuiria para uma maior transparência. Não haveria na fala uma relação direta e imediata entre falante e ouvinte, como Rousseau gostaria. A fala e a escrita seriam mediadas, ambas, por quem as toma, pois é necessário evocar o sistema de oposições preestabelecido. Assim, no caso dos índios, tudo de que precisavam para pensar em enganar ou usar da violência já teria sido dado antes de qualquer um deles ter a ideia de enganar os outros usando a estratégia de fingir ler ou qualquer outra coisa do tipo.

Às filosofias de Derrida e do pós-estruturalismo estaria implícita uma atitude de desmonte dos preceitos humanistas articulados ao "mito da inocência" originária, o mito da pureza natural gerada na infância e outras formulações do gênero – uma tese geral não só do Humanismo, mas do Romantismo.

Hermenêutica em Gadamer

Foucault e Derrida foram vivamente influenciados por Heidegger na sua forma de tomar a modernidade. Das mesmas raízes que Heidegger, mas levando suas investigações por uma forma especial de enfoque da linguagem e da interpretação, se fez o trabalho filosófico de Gadamer.

A hermenêutica da qual Hans Georg Gadamer (1900-2002) se fez herdeiro estava prefigurada no final do século XIX com os trabalhos dos criadores do que ficou conhecido como "ciências do espírito". Com esse título, as "ciências do espírito" nasceram dos trabalhos de Dilthey com o objetivo de lidar com as "Humanidades" de um modo próprio, e não segundo o que havia sido preconizado por Comte e Durkheim, na linha do positivismo sociológico francês. Este, como se sabe, tinha por objetivo lidar com as "Humanidades" a partir dos modelos metodológicos das "ciências da natureza". Caracterizou-se então o que seria o método do historicismo de Wilhelm Dilthey (1867-1893) e, depois de Max Weber (1864-1920), como o da "compreensão", em oposição ao método de Émile Durkheim (1858-1917), o da "explicação".

Segundo esse registro, a "explicação" observa causas, como o cientista as vê no mundo natural físico, ao passo que a "compreensão" persegue razões ou motivos, como o que um psicólogo ou um literato encontram no mundo natural, porém histórico – o mundo das ações humanas. Associada a este segundo procedimento, a hermenêutica, assim, implicaria no exercício da imaginação, que teria de ser bem utilizada para que o estudioso se colocasse no lugar daquele que ele quer estudar: um pintor e suas obras do passado ou um literato e seu livro do passado ou um filósofo e assim por diante. A objetividade das ciências do espírito seria diferente da objetividade das ciências naturais – seria uma objetividade compreensiva.

A ideia de estar presente no âmbito histórico do outro a que se quer analisar e estudar também é encontrada na fenomenologia, e foi adotada por vários filósofos, como Husserl e seu aluno, Heidegger. Gadamer veio dessa tradição.

A questão colocada por Gadamer era tipicamente hermenêutica, mas também e, talvez, por esse motivo, a mesma de várias escolas filosóficas do século XX: o que é o entendimento? Gadamer tratou da questão sem resumi-la a um método. Ele a tratou como uma questão essencialmente filosófica. Em parte, seu trabalho não foi outro senão o de colocar mais uma pedra na disputa sobre quanto haveria de legítimo na frase de Nietzsche, "não há fatos, só interpretação". Não haveria outra coisa senão interpretação, e elas seriam todas divergentes? Mas, então, como se daria o entendimento que, enfim, para muitos, é algo que só ocorreria se podemos ter interpretações comuns?

Na resposta a essa questão, Gadamer modificou substancialmente a hermenêutica, em especial a da tradição de Dilthey.

Dilthey viu seu método como uma ponte para a aquisição, por todos nós, de uma consciência histórica. Sair do campo da explicação, reconhecer a especificidade das "ciências do espírito" e aderir ao "método da

compreensão" seria um modo avançado de entendimento – e de expor *como é* o entendimento. Heidegger criticou esse procedimento, que para ele implicava em aderir à psicologização (também ele, como os filósofos analíticos, estava tentando se livrar do neokantismo e do resto daquele tipo de filosofia que ele denominou "metafísica da subjetividade"). Assim agindo, Dilthey teria levado seu historicismo a advogar um ponto fora da história, o do próprio analista.

Olhando para a obra de um autor do passado a fim de entendê-la (compreendê-la), o procedimento de Dilthey percorria três passos: primeiro, deveríamos ter imaginação para nos colocar no âmbito das vivências do autor; teríamos de conseguir alguma empatia com o próprio autor e, talvez, com a obra; por fim e principalmente, estabeleceríamos os dois pontos anteriores a partir de um ponto de vista estático historicamente, pois estaríamos assistindo a história, ao passo que nós mesmos, como analistas do outro, teríamos estancado a história ou nos colocado em um estranho ponto "fora da história".

Heidegger não admitiu que pudéssemos olhar para o outro e para a obra que queremos analisar com a postura de um psicólogo observador. Ele exigiu outra coisa para além da empatia e da imaginação: perceber que nós mesmos somos o tempo. Estaríamos sempre em transformação e não teríamos como parar isso. Heidegger deu caráter ontológico ao entendimento.

O entendimento não seria o fruto de um método de interpretação para a captação da história ou de obras de filósofos e artistas na história. Seria uma atividade existencial do ser, uma parte da própria constituição do ser. Essas conclusões heideggerianas deram a chance para Gadamer reformar a hermenêutica sob um prisma não exclusivamente metodológico.

Em sua filosofia, em especial nos volumes de *Verdade e método*, o entendimento não se mostra como fruto de um ato subjetivo para a compreensão de um elemento histórico. De modo algum ele restaura a dualidade sujeito-objeto, querendo ver o entendimento como resultado de uma relação epistemológica e metodológica. Pelo entendimento, segundo Gadamer, somos integrados em uma comunidade por meio da qual somos o que somos. Essa ligação com a comunidade só se efetivaria pelo entendimento. E o entendimento, nesse caso, nunca teria sido outra coisa senão algo linguístico. Assim, a experiência do entendimento é a experiência heideggeriana com a linguagem: ela nos embala. *Mutatis mutandis,* Gadamer diz o mesmo: o entendimento nos embala.

Situar-se em uma comunidade e ser o *ser de comunidade* é o mesmo que ter o entendimento das tradições e estar na comunidade como o melhor lar das

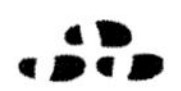

tradições – é esse o âmbito no qual se faria possível o entendimento, ao mesmo tempo em que ele é o próprio ambiente comunitário. Notado isso, Gadamer não poderia fazer outra coisa senão revalorizar os pré-julgamentos ou pré-conceitos – o conteúdo todo da linguagem. Nesse caso, ele se desvia do projeto iluminista mais radical, pois sabemos que tal projeto foi o de condenação da tradição, da autoridade e do preconceito. O que o Iluminismo disse do preconceito? Para os iluministas, o preconceito era toda afirmação sem fundamento – sem o aval da razão. Diferentemente, Gadamer prefere uma reavaliação do pré-julgamento ou preconceito, pois o entendimento não viria de situações que não as encerradas e arraigadas no âmbito tecido por pré-julgamentos. Entender a vida e entender um texto é algo análogo. Vemos a vida como vemos textos, isto é, redes ou conjuntos de crenças, significados, valores. Entender isso permite a eleição dos preconceitos como legítimos ou ilegítimos. Essa tarefa é levada a cabo por meio dos agrupamentos coerentes de crenças, significados e valores.

Aqui, novamente a hermenêutica de Gadamer inova. Sua hermenêutica não vê possibilidades de "se colocar no mundo do outro", como queria Dilthey. O horizonte do outro é atingido em uma "fusão de horizontes". Essa fusão se assemelharia ao que fazemos quando nos vemos obrigados a traduzir um texto, tendo então que nos encontrar com linhas de pensamento e de vivências diferentes. Em uma tradução, nunca estamos em situação de colocar uma palavra de um idioma ao lado de outra, de um idioma diferente. Quem lê um dicionário e se depara com um trabalho já executado, tem apenas uma equação, na qual uma palavra é sugerida para substituir outra. Isso pode ser enganoso. Pois não é isso que fazemos no âmbito do entendimento do outro, na fusão de horizontes os mais variados possíveis.

O trabalho de Gadamer desembocou em uma "filosofia sobre o mundo". Sendo o entendimento o resultado do engajamento na comunidade, *no mundo*, e sendo que todo engajamento só se efetivaria por meio da aquisição linguística de tudo que é a comunidade, nada mais certo do que ver o mundo como linguisticamente constituído, pois a linguagem, como ele a viu, não é linguagem senão como comunicação e entendimento. E isso daria o conteúdo e os limites do mundo. Quando aprendemos outro idioma (ou ponto de vista) e nos apossamos dele, não abandonamos nossas perspectivas anteriores. Há, segundo ele, uma fusão e uma incorporação de mundos. Não teríamos, assim, uma fronteira bem delimitada entre um mundo e outro. Tampouco haveria uma fronteira final com o "mundo dos mundos", aquele que poderia ser o ponto de vista de todos os outros mundos sem ser, ele próprio, visualizado a partir de um mundo outro que não ele mesmo.

O problema a enfrentar, aqui, seria o da melhor ou pior perspectiva: não poderíamos dizer, então, que há uma "visão de mundo linguisticamente constituída" mais próxima da verdade do que outra? Gadamer não diz que o enunciado "a Terra se move em torno do Sol" é mais verdadeiro do que "O sol cai no horizonte da Terra". Ambos seriam legítimos. Pois o que é falado na conversação é o que cria o entendimento. Isto é, o que é linguístico é linguístico por forjar a comunicação, o entendimento, por constituir a comunidade linguística e, então, nos *dar* o mundo. Aqui, a saída gadameriana não está longe do eco da ideia de Heidegger de que "a linguagem é a casa do ser". Isto é, a experiência linguística seria anterior – ontologicamente falando – à experiência do conhecimento de qualquer coisa. A experiência do mundo – que é linguístico – aparece como anterior ao tratamento das coisas particulares do mundo.

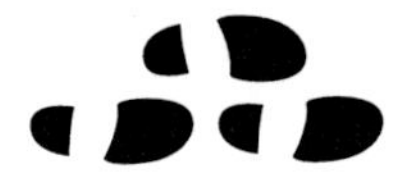

VI A filosofia analítica

O antipsicologismo de Frege

No final dos anos 1870, a filosofia britânica estava envolta com o Romantismo alemão. Os mais importantes filósofos ingleses (e que alimentavam o nascente pragmatismo americano) eram leitores e fãs de Hegel. O sistema do idealismo absoluto reinava. Bertrand Russell (1872-1970) participou desse espírito, mas não durante muito tempo. Ele e George Moore (1852-1933) reagiram contra tal filosofia reativando o realismo e criando novos caminhos.

Concomitantemente, no campo alemão, a lógica de Frege se desenvolveu sem que ele tivesse uma preocupação – ao menos inicialmente – com problemas tipicamente filosóficos. Suas questões envolviam matemática e aritmética. Todavia, suas investigações adentraram para o campo semântico em um sentido amplo, e ao serem criticadas por Russell e, depois, aproveitadas e re-criticadas por Wittgenstein, couberam no arcabouço que, hoje em dia, vemos como o berço da filosofia analítica.

Gottlob Frege (1848-1925) defendeu a ideia de que as questões sobre o significado são, em última instância, questões sobre lógica ou que podem ser solucionadas a partir da lógica. Os argumentos filosóficos sobre qualquer tópico (da teoria do conhecimento à metafísica, passando pela ética, política, educação e estética) seriam bons na exata medida da qualidade de suas estruturas lógicas. Ampliando os princípios básicos da lógica seria possível obter todas as noções fundamentais da aritmética. A consistência da aritmética seria provada a partir de considerações puramente lógicas. Assim, por exemplo, a definição de número nada mais seria do que uma derivação do princípio de identidade da lógica; isto é, a = a. Toda a aritmética poderia ser reduzida à lógica.

Independentemente da validade de tais conclusões, o que Frege deu de validamente geral para a filosofia foi o ímpeto de desvencilhar-se do que, na época, vários filósofos vinham chamando de "psicologismos", e que eles identificavam nas tendências neokantianas, dominantes em determinados círculos universitários no final do século XIX e início do XX.

Uma teoria do significado "livre de psicologismo" deveria mostrar o entendimento do significado de uma

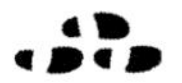

palavra sem lançar mão de eventos mentais que dela emergiriam. O significado seria determinado pelo papel que a palavra desempenha no estabelecimento das condições de verdade de sentenças em que aparece. Por exemplo, tomemos as frases do tipo "Um quadrilátero com lados iguais e com pelo menos um ângulo reto é um quadrado", "A Terra é quadrada", "a base de certas pirâmides era um quadrado", "O time da escola jogou basquete com uma bola quadrada"; ora, Frege não estava interessado nas imagens que tais enunciados poderiam evocar à mente de alguém. Estava interessado nas condições que teriam de existir para se estabelecer a verdade ou a falsidade de tais sentenças. Isso porque tais condições, para ele, seriam exatamente o que determinaria o significado da palavra "quadrado".

O mesmo se pode dizer a respeito de "sentido" e "referência". Ambos são termos que se aplicam aos nomes próprios, ou seja, nomes ou sentenças que não são descritivas (a "Casa Branca" é um nome próprio, mas "cavalo" ou "o mais alto pico de São Paulo" – o Pico do Jaraguá – são classes ou sentenças descritivas). Diferentemente de seus antecessores, Frege estabeleceu "sentido" e "referência" como termos que não se esgotariam na função de nomear. As palavras não apresentariam com a exclusiva função de designação.

O exemplo de Frege tornou-se bem conhecido. É o que vem a seguir.

Há aqui três nomes próprios: (M) a estrela da manhã, (T) a estrela da tarde e (V) Vênus. (M) refere-se a um corpo celeste que aparece no céu um pouco antes do nascer do Sol, e sabe-se que durante séculos tal corpo foi usado como elemento importante para os marinheiros se localizarem ao acordar. (T) refere-se a um corpo celeste que aparece no pôr-do-sol, em um lugar que é praticamente o oposto de onde aparece (M) de manhã; sabe-se que os marinheiros também se guiaram pela localização desse corpo. (V) refere-se ao planeta que os terrestres veem como o mais brilhante, o segundo planeta a contar do Sol. Uma informação empírica que hoje é disponível para todos nós, é que a chamada Estrela da Manhã é a que chamamos, também, de Estrela da Tarde e que se trata do planeta Vênus. Então, graças a uma descoberta empírica, atualmente sabemos que (M) = (T) = (V). Se for possível supor que o significado de um nome próprio nada mais é que o objeto nomeado, pode-se dizer, para este caso, que se trata do objeto x. No caso da sentença "A Estrela da Manhã é a Estrela da Tarde que de fato é o planeta Vênus", fala-se que todo esse enunciado significa "x = x, de fato = x". A sentença é uma tautologia. Uma tautologia, nós sabemos, não transmite nenhuma informação. Todavia, neste caso, tal sentença transmite uma informação. Quem tem conhecimento de tal informação, hoje, sabe mais do que os marinheiros do passado. O que Frege conclui disso é que deve haver mais coisas no significado do que a simples relação entre um objeto nomeado e um nome. Frege procura um terceiro elemento na relação do significado. A esse terceiro elemento ele chama de sentido. Segundo Frege, o sentido cria para os estudiosos um novo modo de ver o objeto referido, um novo modo de apresentação deste – uma maneira específica de representá-lo.

Mas o que é, para Frege, o sentido de um enunciado?

Ele diz que o sentido de uma frase deve ser algo que se modifica conforme as partes de tal frase são trocadas por outras com sentido diferente, mas com a mesma referência. Dessa forma, "A Estrela da Manhã é Vênus" é modificada quando "Estrela da Manhã" é substituída por "Estrela da Tarde", resultando na frase "A Estrela da Tarde é Vênus". O que se modifica? O sentido da frase se modifica. Para Frege, o *pensamento* que a frase expressa é o que se modifica. "A Estrela da Tarde é Vênus" é um enunciado que expressa uma ideia que é diferente daquela mostrada pelo enunciado "A Estrela da Manhã é Vênus".

Sendo assim, no plano metafísico ou, mais exatamente, no plano ontológico, estabelece-se aí um tipo de platonismo fregeano que postula três domínios: o domínio das entidades objetivas e reais (o planeta Vênus, por exemplo), acessadas de modo intersubjetivo, ou seja, trata-se de algo compartilhado pelos falantes; o domínio das entidades subjetivas e reais, em que estão os eventos mentais, os quais não são acessados intersubjetivamente pelos falantes; e, por fim, o domínio das entidades objetivas, mas não reais. Essas últimas entidades, mostradas pela linguagem em expressões tais como "A Estrela da Manhã é Vênus" ou "A soma dos ângulos internos de um triângulo é 180 graus", são atemporais e não dependem de um sujeito – a linguagem fornece acesso a um campo no qual há elementos objetivos que não são tateados nem vistos.

Russell e Wittgenstein

Como Frege, Russell era antes um desbravador da lógica que um filósofo exclusivamente preocupado com análise conceitual. A "nova lógica", desenvolvida por Frege e por ele próprio, foi utilizada por ele como meio para parafrasear aquelas proposições filosoficamente problemáticas, utilizando então o aparato da linguagem formal. Ele entendia que a análise lógica dava os meios corretos para mostrar que não deveríamos mais nos preocupar com as proposições que falam de elementos não existentes. A legitimidade do discurso ficcional poderia ser obtida por meio de um mecanismo de contextualização – como o que ele havia desenvolvido. Falar de coisas não existentes não nos comprometeria em ter de aceitá-las – um problema que, como se sabe, vem das origens da filosofia, talvez desde Parmênides. Neste aspecto, Russell diferiu de Frege.

Frege entendia que uma sentença do tipo "F é G" tem um sentido, mas é carente de referente se o que é F não existe. Assim, uma sentença como "O atual Rei da França é careca" expressa um pensamento, mas não possui um valor de verdade, não é nem falsa e nem verdadeira na medida em que não possui um referente. Aqui, Russell desconsidera a distinção entre sentido e referência de Frege, redescrevendo o enunciado em questão como "Há uma e somente uma coisa que é o atual Rei da França, e toda coisa que é um atual Rei da França é careca". Trabalhando dessa forma, Russell toma as expressões com descrições definidas pelo nome de "símbolos incompletos" (as que não possuem referências por si mesmas, isto é, não apontam para nada), e as vê como sentenças que podem ser *parafraseadas* no contexto de sentenças significativas em que elas ocorrem.

O feito de Russell foi festejado. Seu "realismo robusto" ensinava que os problemas de enunciados "estranhos" poderiam ser reduzidos pela análise lógica, assim, a *forma lógica da proposição* se mostraria como é o fato, sem que se ficasse perdido e embaraçado nos problemas gramaticais dos enunciados, exatamente aqueles que gerariam problemas filosóficos. Na base desse projeto estava a crença – com objetivo metafísico – de que sentenças verdadeiras analisadas de modo correto são isomórficas aos fatos que elas expressam; então, a análise deveria revelar os elementos últimos da estrutura da realidade.

Todavia, para Wittgenstein, a própria natureza da lógica não havia sido investigada. Ela serviria para parafrasear, mas, e ela mesma – a lógica – qual seria o seu caráter?

Wittgenstein tinha pela frente quatro respostas para uma pergunta desse tipo.

Na tradição inglesa, as proposições lógicas eram vistas como elementos bem úteis para generalizações a partir de induções. O "psicologismo" dizia que a lógica dava as "leis do pensamento humano", e isso mostraria a própria natureza da mente humana. O platonismo de Frege afirmava que as verdades lógicas não deveriam ser vistas pela via do "psicologismo", pois elas se caracterizariam pela sua completa objetividade e necessidade, e tais características só poderiam ser explicadas se houvesse a consideração em relação ao seu "terceiro reino" ontológico. Por sua vez, Russel tinha a sua posição específica: as verdades lógicas são maximamente gerais e dariam os caminhos profundos para a realidade, e tais caminhos seriam acessados pela nossa abstração a partir de proposições não lógicas. Assim, se há um enunciado como "Paulo ama Fran", o que se pode tirar

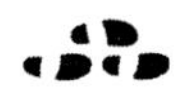

daí é forma lógica "x y" e, então, uma proposição como "algo é de alguma forma relacionado a algo".

Wittgenstein não aceitou nenhuma dessas ideias sobre a lógica. Expressões da lógica nada seriam senão enunciados vazios – tautologias. Na combinação que fazem entre si, tais frases nada diriam. Por exemplo, se afirmamos algo como "p V ~p", estaríamos dizendo o quê? Pois "Chove" diz algo sobre o tempo, "Não chove" diz algo sobre o tempo, ambas podem ser falsas e verdadeiras, mas "Chove ou não chove" ("p V ~p", lê-se: p e não-p) nada diz, nada informa. Então, seria interessante ver qual o papel desses elementos lógicos.

Wittgenstein disse que vários elementos lógicos expressavam o papel de operadores, ligando proposições elementares às proposições mais complexas. Eliminando tais operadores por meio de uma análise ficaríamos com os elementos últimos que não seriam mais possíveis de serem analisados; ele chamou tais elementos de "nomes". O nome teria seu objeto, ele apontaria para uma referência, que nada seria senão "um mais simples" componente da realidade. Assim, por outros caminhos, Wittgenstein mostrou participar da crença de Russell no isomorfismo entre linguagem e mundo.

Todavia, os rumos das pesquisas de Russel e Wittgenstein eram diferentes. O primeiro estava preocupado em mostrar que esses componentes últimos da realidade eram objetos de familiaridade sensória. Por sua vez, Wittgenstein tinha uma espécie de projeto quase kantiano na cabeça. Ele queria estabelecer os limites do discurso. Até onde teríamos o discurso legítimo? Em que ponto estaria o início do discurso ilegítimo, meramente especulativo? Eis aí o que poderia ser chamado, de modo específico, de *linguistic turn*. Seria uma transformação do projeto kantiano de estabelecer os limites do pensamento; em vez de se fixar no pensamento, haveria a fixação nos pontos limites da linguagem.

Convencido de que os pensamentos não deveriam ser vistos como processos mentais e nem como entidades abstratas, ele os assumiu como sentenças e proposições projetadas no interior da realidade. O pensamento poderia ser totalmente expresso em linguagem, e então a tarefa da filosofia seria a de estabelecer os limites do pensamento estabelecendo os limites das expressões linguísticas do pensamento. Tais limites não poderiam ser colocados de lado pelo próprio pensamento; então, tais pensamentos não poderiam ser pensados. Os limites do pensamento poderiam ser conseguidos apenas "na linguagem", e isso se faria ao se mostrar que certas combinações de signos linguísticos carecem de sentido. Por exemplo, nada podemos entender por "O agudo é branco".

Com o *Tratactus Logico Philosophicus*, Wittgenstein quis obter algo como as "pré-condições linguísticas da representação". Focou seu olhar sobre o que

seria a "forma geral da proposição". Tomou a essência da proposição como o que se daria no estabelecimento "de como as coisas são". O pressuposto metafísico envolvido nesse raciocínio era o do isomorfismo entre o mundo e a linguagem. Haveria uma estrutura lógica da linguagem, e tal estrutura seria idêntica à estrutura (metafísica) da realidade. Ou: haveria uma única estrutura, compartilhada pelo mundo e pela linguagem. Por isso mesmo, a linguagem captaria o mundo segundo o seu "estado de coisas", ou seja, as combinações de seus objetos. Os nomes constituintes seriam como que procuradores, representantes dos objetos, e teriam a mesma "forma lógica" dos estados de coisas.

Assim pensando, haveria três tipos de proposições (mais ou menos como já havia sido aludido por Hume). As proposições empíricas teriam referência em virtude de representarem os estados de coisas e, então, teriam valor de verdade; as proposições lógicas seriam vazias; as proposições metafísicas seriam puro *non sense*. As proposições da metafísica tentariam dizer aquilo que não permitiria o contraponto, o desmentido ou a "falsificação", então, elas se apresentariam como descartáveis. Assim, o próprio *Tratactus* falaria algo que, em última instância, teria de ser lido e finalizado – não se poderia tirar nenhuma doutrina dele. Sendo este o trabalho da filosofia, ela corresponderia somente a uma limpeza de área ou uma escada que, uma vez usada, pode ser descartada, pois ninguém a usará como caminho a ser seguido. A filosofia não teria como criar sistemas para ter seguidores.

O que restaria à filosofia? Ela certamente seria uma "atividade", uma "crítica da linguagem" em favor da "elucidação" do que dizemos. E a análise lógica entraria aí como seu instrumento principal. Em um sentido positivo ela poderia clarear enunciados científicos, em um sentido negativo ela poderia atingir cada uma das proposições metafísicas e mostrá-las como desprovidas de sentido.

Positivismo lógico

Os filósofos que se reuniram no chamado Círculo de Viena, autodenominados "empiricistas lógicos" ou "positivistas lógicos", não deixaram de se impressionar com o *Tratactus Lógico-Philosophicus* de Wittgenstein. Eles o incorporaram em seus projetos.

Tais projetos incluíam a crença na unidade da ciência, a busca por uma definição do papel da filosofia diante da ciência e a melhoria (ou abandono) do verificacionismo. Exponho os três pontos a seguir.

A ideia de unidade da ciência se dava pelo anseio de ter todas as disciplinas, humanísticas e científicas, agrupadas em um único sistema. Esse sistema teria a física como sua base. Isso porque os termos científicos seriam expostos de forma crescente em um vocabulário cada vez mais observacional que, no limite, teria de

se formar com proposições a respeito do que é fornecido na experiência. Essas proposições foram chamadas de "sentenças observacionais" ou "sentenças protocolares". Exatamente neste ponto os positivistas lógicos se dividiram. Para um filósofo como Moritz Schlick (1882-1936), essas sentenças seriam a respeito de experiências sensíveis subjetivas, enquanto que para Neurath (e depois, Carnap), tais sentenças seriam antes a respeito de objetos físicos do que sobre eventos mentais. A ideia de Rudolf Carnap (1891-1970) e Neurath era a de que os objetos da ciência deveriam ser os de acesso intersubjetivo.

Sobre a relação da filosofia com a ciência, Otto Neurath (1882-1945) queria uma dissolução da filosofia na própria ciência que unificaria todas as ciências, baseada na física. Essa atitude não era a de Carnap e Schlick, que viam na filosofia um domínio próprio, o da análise filosófica das proposições e, particularmente, dos enunciados científicos.

O verificacionismo vinha da ideia de que somente as sentenças positivas eram capazes de ganhar valor de verdade e, então, de serem verificadas ou falsificadas. A objeção a isso apareceu logo, pois não foram poucos que disseram que sentenças imperativas, interrogativas e performativas também tinham a ver com o significado linguístico. Carnap tentou contornar o problema limitando o verificacionismo a expressões com "conteúdo cognitivo" apenas, e deixando de lado aquelas que mostravam algum "significado emotivo".

As duas fases de Wittgenstein

São vários os filósofos que mudaram de pensamento de modo radical. Todavia, é difícil encontrarmos na história da filosofia um filósofo cujas mudanças se fizeram de modo tão explícito, quase que em um processo jurídico de autocondenação, como o caso de Ludwig Wittgenstein (1889-1951). No caso de Marx, por exemplo, os historiadores da filosofia puderam falar no "Marx jovem" e no "Marx maduro", tentando então distinguir os escritos pertencentes a uma primeira fase dos de uma segunda fase. Wittgenstein não deu esse trabalho aos historiadores da filosofia, ele mesmo deixou suas duas fases bem caracterizadas. E tais fases dividiram não só a *sua* filosofia, mas toda a filosofia analítica.

A sua primeira fase é a do *Tratactus Logico-Philosophicus*, a sua segunda fase é emblematizada pelos escritos publicados postumamente como *Investigações filosóficas*. Nos escritos da segunda fase, Wittgenstein usa o termo "o autor do *Tratactus*" para apontar aquele contra o qual escreve, e não poupa críticas. Não à toa os historiadores da filosofia puderam falar em "Wittgenstein I" e "Wittgenstein II" sem querer aludir a qualquer esquizofrenia, e sim a um gênio intelectual que,

como tal, não poderia não ser profundamente honesto com ele próprio.

Durante toda a sua vida, Wittgenstein esteve preocupado com problemas que, de certo modo, são aqueles que tradicionalmente chamamos de centrais na metafísica – posições no âmbito do "problema dos universais". Para vários filósofos esses são os problemas de filosofia *par excellence*. Nos termos da filosofia analítica são os problemas da relação entre a linguagem e o mundo.

Wittgenstein I tomou partido nesses problemas construindo sua própria teoria do significado. Chamamos tal teoria de "teoria da figuração" (*picture theory*). A formulação básica dessa teoria diz que a linguagem consiste de proposições que figuram ou representam o mundo. As proposições expressam pensamentos, e estes nada são senão quadros (figuras) lógicos dos fatos. As proposições e pensamentos espelham o mundo na medida em que compartilham algo comum, que é uma "forma lógica". Há aí um pressuposto inicial: o do isomorfismo entre linguagem e mundo.

A "forma lógica" é o que há de comum entre proposições e mundo, e então a tarefa da filosofia é analisar a linguagem de modo a obter o que é possível de ser analisado, separando as proposições que podem ser analisadas e representam o mundo (as que mostram uma *figura do mundo*) e as proposições que não representam o mundo (que não mostram nenhuma figura), que são pseudoproposições. O resultado que Wittgenstein tem em mãos é que todas as proposições da metafísica são desse último tipo. Então, a tarefa da filosofia é autofágica.

Wittgenstein diz que a proposição "O gato está no tapete" conta que há um gato e há um tapete, e que há uma relação entre eles. Esta proposição diz isso e mostra a forma lógica que compartilha com o mundo, a palavra gato representando o gato, a palavra tapete representando o tapete e o resto da proposição falando da relação entre gato e tapete. Todavia, a própria proposição não pode fazer mais que isso. Ela representa o mundo, mas ela não se representa. Ela apenas *se mostra* – se mostra nessa atividade de representar o mundo. Assim, aquilo que se procura no trabalho da filosofia, no *Tratactus*, que é a forma lógica da proposição, é em princípio algo que o *Tratactus* não vai poder comentar ou explicar ou representar. E se o *Tratactus* é um texto de filosofia que tenta fazer isso, ele próprio não tem sentido. Ele pode elucidar, mas por meio de mostrar a forma lógica, só isso. Não pode fazer com ela o que ela, como a proposição, faz com o mundo, que é a representação.

Toda a tarefa da metafísica, como seria a de descrever a forma lógica da proposição, para encontrar aquilo que seria o que o mundo e a linguagem compartilham (a essência da linguagem ou do mundo), é uma tarefa vã – eis aí que os problemas da filosofia são pseudoproblemas.

Wittgenstein II negou *quase* tudo isso. Continuou achando que os problemas de filosofia são problemas de linguagem, mas não deu nenhum crédito para a construção de uma teoria de elucidação do funcionamento da linguagem baseada na ideia de que a linguagem tem uma lógica interna. Passou a não mais acreditar que a linguagem possui algo escondido, que seria a sua estrutura lógica. Deixou de buscar a chamada "forma lógica da proposição". Considerou que nada existe que possamos chamar de Linguagem, o que existe são linguagens diversas, criadas e desenvolvidas enquanto "formas de vida", entrelaçadas às práticas comportamentais, valorativas e humanas. Não haveria Linguagem, e sim inúmeros "jogos de linguagem" formando linguagens em contínua transformação. Assim, apontar para algo como o *significado* não seria nada útil, a não ser que se pudesse dizer – como ele disse – que o significado de enunciados era algo da ordem do uso. Investigando o uso que fazemos de palavras e sentenças poderíamos antes *descrever* que *explicar* como se dá o funcionamento de jogos de linguagem e, então, dizer algo do significado.

Assim, para o Wittgenstein II a filosofia poderia ser ainda algo que teria de lidar com a linguagem, mas para uma atividade de terapia, em um sentido pouco metafórico do termo. Pois, de fato, os problemas típicos da filosofia seriam uma doença; eles surgiriam não pelo funcionamento efetivo da linguagem, mas exatamente nos momentos em que a linguagem "tira férias" ou quando age como uma roda que "gira em falso". Surgiriam quando utilizamos palavras em um jogo de linguagem de modo a mostrarmos que não estamos sabendo jogar aquele jogo.

Contra a ideia de uma estrutura escondida e profunda, que daria a norma (lógica) para o funcionamento da linguagem, Wittgenstein II passou a dizer que não havia uma única norma, mas inúmeras normas – os jogos de linguagem. A palavra "jogos", neste caso, deve ser levada a sério. Jogos são diferentes uns dos outros; mas, se eles se parecem a ponto de falarmos em "jogos", englobando-os em um só termo, é por causa de algo como "semelhança de família". Assim, "jogos de linguagem" não se escondem, são exatamente o que temos à vista na linguagem em seu uso. Usamos a linguagem para negar, afirmar, contar, reportar, dar ordens, contar piadas, perguntar, cantar, resolver problemas, traduzir, xingar, rezar, expressar dor, agradecer, especular, conjeturar, chamar e mais uma série, talvez, infindável de práticas. Sim – práticas sociais.

Assim, para o Wittgenstein II apanhar algo relevante sobre o significado não demandaria outra coisa senão observarmos o que é *entender* uma linguagem. E entender uma linguagem nada seria senão a atividade de usar uma técnica, uma espécie de *know how*. Especificamente, entender uma linguagem demanda observar o uso para ver como é que é "seguir uma regra". E como só sabemos se estamos seguindo uma regra quando participamos do jogo, usar bem os jogos de linguagem é usá-los socialmente. A linguagem só é linguagem como prática social.

Seguir uma regra no *Tratactus* é seguir uma única e exclusiva regra, a do cálculo. A lógica dá a regra. Seguir uma regra nas *Investigações filosóficas* é seguir inúmeras regras dos vários jogos de linguagem. Neste segundo caso, o que se tem para observar é o que se está mais à mostra, ou seja, os costumes e hábitos que se dão na concordância de quem pratica uma linguagem. A analogia com o jogo perdura: observamos quem joga xadrez. Vale compreender a maestria com que move a torre na hora certa, e não tentar perguntar por que a torre anda daquele modo e não de outro, como andaria, por exemplo, o peão. Seguir uma regra é algo da ordem da vida social e, portanto, uma linguagem não existe senão como prática social. Não pode haver linguagem no âmbito de uma privacidade que não foi nunca banhada pelo social.

Wittgenstein é a impossibilidade da "linguagem privada"

Preocupado em criticar a concepção de linguagem do *Tratactus*, Wittgenstein II insistiu na ideia de que os jogos de linguagem estão diante de nós, é o que temos de mais visível. Seguindo essa rota, não deixou de fazer a crítica da ideia da existência de algo "mais profundo", no "âmbito do mental", como sendo o *locus* da linguagem.

Observando os jogos de linguagem, Wittgenstein procurou mostrar que nem todas as palavras são nomes e que nomear não é tão simples quanto pode parecer à primeira vista. Para se nomear algo não bastaria confrontar esse algo com a emissão de um som, porque solicitar e dar nomes são atividades que só podem se realizar no contexto de um jogo de linguagem. Assim é o caso, também, na situação relativamente simples de nomear um objeto material e, é claro, que tudo se torna ainda mais complexo quando se trata da nomeação de eventos e estados mentais, como sensações e pensamentos.

Neste caso, Wittgenstein se põe diante da seguinte questão: como a palavra "dor" funciona como o nome de uma sensação?

Em geral, pode imaginar que a palavra "dor" adquire seu significado por meio de sua correlação com a sensação de dor privada e incomunicável de cada um. O que Wittgenstein diz é que se deve resistir à tentação de ver as coisas sob essa perspectiva. Nenhuma palavra adquire significado desse modo. Suponha, diz ele, que alguém deseje batizar uma sensação privada com o nome de S. Seu procedimento seria o seguinte: fixa sua atenção na sensação a fim de correlacionar esse nome *S* com tal sensação. Qual o alcance desse método? Quando, depois, este alguém quiser usar o nome S, como saber se está procedendo corretamente? Uma vez que tal nome nomeia uma sensação privada, ninguém mais pode conferir se seu uso está correto. Nem o próprio nomeador. Antes que se possa conferir se "isto é S" *é* uma afirmação verdadeira, o nomeador precisa saber o que ele próprio quer dizer com a sentença "isto é S", seja ela verdadeira ou falsa. Como então alguém pode saber que o que diz neste momento ao enunciar *S* era o que queria dizer quando batizou a primeira sensação de S? Pode apelar para a memória? Não, pois para agir assim deve poder evocar a memória correta: para que possa evocar a memória de S já deve saber, de antemão, o que S significa. Não há, afinal, nenhum exame do seu uso de *S*, nenhuma possibilidade de correção de qualquer uso equivocado. Isso significa que falar de "correção" não é pertinente.

Esse é o fio condutor do ataque de Wittgenstein à ideia de existência de uma "linguagem privada". Sua conclusão é a seguinte: não pode haver uma linguagem cujas palavras se refiram àquilo que só pode ser conhecido pelo falante da linguagem. O jogo de linguagem com a palavra em português "dor" não é uma linguagem privada; uma pessoa pode muito frequentemente saber quando outra está com dor. Não é por meio de qualquer definição solitária que "dor" torna-se o nome de uma sensação: é, antes, por formar uma parte de um jogo de linguagem comunitário. Por exemplo, o choro de um bebê é espontâneo, é uma expressão pré-linguística de dor; depois, gradualmente a criança é treinada pelos pais a repetir isso com a expressão convencional, a expressão aprendida de dor. A linguagem de dor é enxertada na expressão natural de dor.

A argumentação de Wittgenstein contra a possibilidade de uma "linguagem privada" atinge diretamente toda uma tradição filosófica, a tradição que vem de Descartes e chega a David Hume (1711-1776), isto é, as duas grandes escolas de filosofia moderna: a escola racionalista e a escola empirista.

Ambas as escolas advogaram que uma mente individual, pelo pensamento, poderia classificar e reconhecer seus próprios pensamentos e experiências; enquanto isso, tal mente manteria em suspenso a questão da existência do mundo externo e de outras mentes. Essa posição (como a das *Meditações* cartesianas) parece implicar a possibilidade de uma "linguagem privada" ou de algo semelhante. Com Wittgenstein, tanto a escola empirista como a racionalista recebem um duro golpe.

Alguns filósofos empiristas afirmam que as únicas "questões de fato" possíveis de se conhecer são aquelas da própria experiência – o que se denomina conhecimento a respeito do mundo ou conhecimento de outras pessoas está baseado no conhecimento dos estados e processos mentais próprios do cognoscente. Esses filósofos têm considerado certo que o conhecimento de experiências pode ser expresso em linguagem, ao menos para os próprios falantes, e que a possibilidade dessa expressão não pressupõe qualquer familiaridade com o mundo externo ou outras mentes. Alguém que aceita isso deve acreditar na possibilidade de uma "linguagem privada", aquela linguagem cujas palavras adquirem significado simplesmente por serem ou por estarem sendo ligadas às experiências privadas – exclusivamente privadas.

Certamente, tal pessoa também deve acreditar que a linguagem atual é uma "linguagem privada", não no sentido de que ela é peculiar a um usuário singular, mas como uma linguagem cujas palavras teriam adquirido seus significados por cada um dos falantes de tal linguagem mediante um processo essencialmente privado, a saber: uma definição ostensiva privada na qual uma amostra apropriada de experiência foi recolhida e associada a uma palavra. Se as palavras são pensamentos que adquirem significado desse modo, pode-se perguntar se as amostras com as quais uma pessoa adquiriu seu vocabulário são realmente como aquelas de outra pessoa que fez o mesmo. Assim, o empirismo carrega consigo uma versão do ceticismo, que se mostra desta maneira: "Tudo que chamamos de vermelho você pode chamar de verde".

O argumento de Wittgenstein, que, se certo, desconsidera a possibilidade de uma "linguagem privada", refuta essa versão do empirismo, bem como o ceticismo a ele associado.

Qualquer refutação do ceticismo parece boa para os que lidam com doutrinação, para os que querem que haja possibilidade do discurso verdadeiro em um sentido forte da palavra "verdadeiro". Todavia, só à primeira vista a argumentação de Wittgenstein se mostra amiga dessa posição. Ela é antifundacionista. A posição de Wittgenstein II problematiza o saber fundamentado na certeza como produto da interioridade nuclear e indevassável do sujeito-indivíduo que, por sua vez, ligar-se-ia aos outros sujeitos-indivíduos por meio de uma "natureza comum", a *natureza humana* ou algo semelhante – ou a própria "estrutura lógica da linguagem", como um elemento inerente a todos os humanos.

Quine e Davidson

Enquanto vários filósofos tentavam construir uma teoria do significado, o norte-americano Williard Van Orman Quine, inspirado tanto na filosofia analítica quanto no pragmatismo, desenvolveu a incômoda tese da "indeterminabilidade do significado".

Sua formulação pode ser apresentada como tendo um parentesco em relação ao "argumento contra a linguagem privada".

Segundo Quine, as "semânticas acríticas" se articulam com uma concepção sobre o pensamento humano que imagina a mente humana como um museu, que possui internamente várias peças expostas em vitrines, que são os significados, e todas essas peças associadas aos seus rótulos, que são as palavras (como um museu com suas peças). Assim, nessa concepção, trocar de linguagem é trocar os nomes, preservando as peças do "museu mental". Aceitaríamos tal semântica porque admitimos a possibilidade de que todos os humanos são capazes de produzir uma "linguagem privada", uma linguagem não aprendida socialmente que preservaria para cada homem, em um plano mental interno e privado, a expressão *própria* dos significados (a essência das coisas). Cada ser humano teria uma linguagem exclusiva com a expressão dos significados mentais. Admitido isso, teríamos a possibilidade de falar de uma ligação entre o "mundo íntimo" e o "mundo exterior". E se existisse tal linguagem (seria uma linguagem?), poder-se-ia, por *introspecção,* apanhar os significados.

Contra a tese da linguagem privada, tomando a linha de John Dewey e, enfim, a do Wittgenstein II, Quine entende a linguagem como uma interação social que pressupõe um grupo organizado em que os falantes adquirem seus hábitos linguísticos. Desse modo, o significado não é uma entidade psíquica. É, sim, uma *propriedade do comportamento* – do comportamento linguístico, social. Por isso mesmo, Quine não admite uma tradução a partir de uma correlação termo a termo, como se houvesse na mente humana o significado universal dos termos, pronto para fazer a mediação entre as linguagens, ou seja, os rótulos, na acepção das "semânticas acríticas".

Uma doutrina como esta poderia ser acusada de relativismo. Quine buscou contar isso por meio de certo comportamentalismo. Ou seja, ele advogou uma concepção behaviorista de significado. Trata-se da noção batizada como *stimulus meaning*. Do que se trata?

Há *stimulus meaning* afirmativos e negativos de uma sentença *S* para um falante *A*. O que se denomina *stimulus meaning* é o conjunto de estimulações que tornariam A disposto a assentir ou dissentir da sentença *S*. Tal disposição de *A* seria, em última instância, determinada pelas estimulações neurais que colocariam o falante A em situação de assentir ou dissentir de *S*.

Os trabalhos de Quine ecoaram sobre as investigações de Donald Davidson. Entretanto, a ideia de *stimulus meaning* não foi absorvida pela agenda davidsoniana. Davidson não viu qualificação para a questão de ter de falar de condições comportamentais que, em última instância, seriam devidas a "estímulo neural".

Davidson dispensou a ideia de "estimulação neural" e uma série de outras noções que foram evocadas por vários filósofos para suas teorias do significado. Estas, no campo da filosofia da linguagem, dividem-se em dois tipos: as teorias analíticas e as teorias construtivas.

As primeiras são exemplificadas pelas teorias referenciais, behavioristas e causais, verificacionistas, teorias que explicam o significado pelo uso, teorias dos atos de fala e teorias das intenções de comunicação. As segundas são teorias que podem bem ser exemplificadas pelo trabalho de Davidson. Em vez de dizer, diretamente, o que é o significado, como as teorias em geral tentam fazer, a teoria davidsoniana opta por um objetivo mais humilde. A teoria davidsoniana gera um teorema para cada sentença *S* de uma linguagem natural *L*; e o teorema fornece o significado de *S* e mostra como o significado depende dos componentes de *S*. De que tipo são esses teoremas?

Davidson toma como ponto de partida a ideia simples e intuitiva de que um teorema que quer dar o significado de uma sentença é do tipo:

(I) *S* quer dizer *M*.

Nesse caso, *S* denota uma sentença de *L*, e *M* é seu significado. Tal teorema é rejeitado por Davidson, uma vez que ele, seguindo Quine, acredita na indeterminabilidade do significado, na impossibilidade de levar adiante um teorema que indica para *S* uma referência. Assim, seu segundo passo é admitir uma modificação no teorema (I). Sua escolha recai na seguinte formulação:

(II) *S* quer dizer que *p*.

Nesse caso, *S* é o nome de uma sentença de *L*, e p é uma sentença de uma metalinguagem de *L* que especifica o significado de *S*. O teorema (II) é melhor que o teorema (I), uma vez que evita a reificação do significado. O significado não é uma coisa para o qual se aponta, e sim uma sentença. Se *S* e *p* são sentenças, então não há, aqui, qualquer desobediência a Quine, pois não se está comparando entidades linguísticas com entidades não-linguísticas. Todavia, Davidson entende que (II) ainda não é uma boa opção. Entre outras razões, sabe que tal teorema soa circular: a expressão "quer dizer que", que está no teorema, pressupõe que já se saiba, de antemão, o que vai ser mostrado, que é o "quer dizer que" ou "significado". Ou seja, (II) quer mostrar o significado e, no entanto, pressupõe que saibamos o significado para entender (II).

O terceiro passo de Davidson é propor que *S* e *p* sejam articulados, para formar o teorema pedido, por uma expressão que ele recolhe da teoria semântica da verdade, do lógico Alfred Tarski (1901-1983). Fazendo isso, ele tem:

(III) *S* é verdadeiro se e somente se *p*.

Nesse caso, p é uma sentença de uma metalinguagem de *L*, em que *L* é a linguagem natural na qual se situa a sentença *S*. O teorema (III) é o que se encaixa perfeitamente nos objetivos de Davidson. Sua teoria do significado para uma linguagem *L* fornece teoremas sobre as condições de verdade das sentenças de *L*. Isso fica perfeito porque Davidson acrescenta o tempo e o

falante na aplicação do teorema, de modo que, exemplificando, temos:

"Eu estou alegre" é verdadeiro no português quando falado pelo falante x no tempo *t* se e somente se *x* está alegre em *t*.

Genericamente, o teorema é o que segue:

(IV) *S* é verdadeiro em *L* quando falado por x no tempo *t* se e somente se *p*.

Nesse caso, *x é* um falante de *L*, *t* é um momento, *S* o nome de uma sentença de *L* e *p* a tradução de *S* na metalinguagem de *L*.

O que Davidson demonstra é como podemos elaborar uma relação entre as linguagens que dariam condições para pensarmos em contornar as dificuldades da intradutibilidade posta por Quine. Os teoremas são a formulação que pode esclarecer algo sobre o significado na base de observar condições de verdade, e nada mais.

Esse projeto de Davidson ganha o nome de "interpretação radical" quando acoplado aos procedimentos que implicam o "princípio de caridade" e a "triangulação".

O intérprete radical é aquele que tem de entender um conjunto de sons (provavelmente uma linguagem) emitidos por um nativo (ou um alienígena) – o falante – sem que se saiba de antemão qualquer infor-

mação a respeito das palavras de tal suposta linguagem, qualquer possível significado de alguma palavra. O procedimento básico do intérprete radical envolve o que Davidson chama de "princípio de caridade". Este princípio nada mais é que uma prática de pressuposição. Admite-se que o falante, possuindo uma linguagem, exibirá um padrão de crenças (e outras atitudes) cujos conteúdos são logicamente consistentes. Pode-se pressupor essa racionalidade ao falante? Sim, pois tal atribuição, do modo como Davidson a toma, não é nem um pouco exagerada. O que se faz é não admitir que, se uma pessoa coloca um doce na geladeira e, no mesmo momento, acredita que há o doce na geladeira, então ela também acredita que não há o doce na geladeira.

Aceitando essa base do "princípio da caridade", Davidson adiciona a este a "triangulação". Davidson introduz a imagem de um triângulo cujos vértices são o falante, o intérprete e o meio ambiente compartilhado por eles. A interpretação consiste nas várias tentativas do intérprete de conformar sua teoria da interpretação ao falante e a seu meio ambiente. Sua teoria tem êxito por fazer o falante e o intérprete concordarem a respeito de atitudes e sentenças que ambos sustentam fortemente, aquelas das quais não podem abrir mão. É improvável que a concordância seja completa. Contudo, quanto maior concordância, mais delineamento haverá sobre o que não há concordância. Questões teóricas provocarão mais discordância do que questões sobre o meio ambiente de contato mais direto com o falante e o intérprete.

O processo de triangulação, que toma a linguagem como basicamente comunicacional, pressupõe o holismo de Davidson. O holismo é a posição que diz que não é possível que exista uma crença particular isolada de outras crenças. Atribuir uma crença a um indivíduo significa atribuir-lhe um conjunto de crenças. Holismo e triangulação, servindo ao "princípio de caridade", dão a Davidson a garantia de que uma forma de interpretação é, ao menos formalmente, possível. Se a teoria do significado depende da possibilidade de falar em interpretação, ela fica, com isso, assegurada.

VII
O PRAGMATISMO

A EXPERIÊNCIA

Como disse nos parágrafos sobre Bertrand Russell, no final do século XIX a filosofia britânica estava impregnada de hegelianismo. Não é de se estranhar que os filósofos norte-americanos da segunda metade do século XIX, uma vez leitores do idealismo britânico, também fossem simpatizantes de Hegel. Em parte, foi pela via de Hegel, e do debate deste com Kant, que o pragmatismo deu seus passos mais sólidos, especialmente com John Dewey (1859-1952).

A ideia básica do pragmatismo veio da busca de se livrar da polêmica entre o realismo neokantiano ou realismo lógico e o idealismo hegeliano. Este foi o campo de trabalho assumido por Dewey, dando atenção especial à metafísica e à epistemologia. Mais próximo do campo epistemológico-metodológico, William James (1898-

1944) preferiu acentuar que o pragmatismo estava além da polêmica entre racionalismo e empirismo. Adaptado à terminologia atual, Richard Rorty preferiu falar em representacionismo *versus* antirrepresentacionismo. Nos dois primeiros casos, o de James e Dewey, a noção de experiência esteve como o que poderia representar o elemento pelo qual se sairia do debate tradicional; no caso mais atual, a linguagem veio substituir a experiência.

Porém, tanto no pragmatismo do final do século XIX para o XX quanto no pragmatismo mais recente, do final do século XX para o início do XXI, o ponto de partida é o dualismo moderno no campo metafísico, e consagrado como tópico básico do que hoje é ensinado nas disciplinas de filosofia da mente. Não à toa, portanto, Rorty veio a ler Heidegger com proveito, incorporando as críticas do alemão ao seu antirrepresentacionismo e ao abandono do pragmatismo ao modelo sujeito-objeto.

Colocando em termos básicos e simples, a questão inicial é a que segue.

Podemos apostar que tudo no mundo é material (da ordem do físico). Ou podemos apostar que tudo no mundo é espiritual (da ordem do pensamento). Ou, ainda, podemos querer optar por dizer que o mundo comporta o espiritual e o material. Quando ficamos com a primeira aposta, podemos nos incomodar com a ideia de que teremos de fazer do pensamento uma forma do físico, ou manifestação do físico. E se adotamos a segunda aposta, há outro incômodo: não nos convencemos facilmente de que tudo no mundo é, de certo modo, da ordem do pensamento. Bem, a terceira opção seria palatável? O que é pensamento é pensamento, e o que é físico é físico. Mas aqui também temos problemas: como explicar a relação entre o físico e o pensamento? Começamos com a célebre glândula pineal de Descartes, que não obteve nenhum sucesso. Depois tentamos evitar a relação efetiva, e então viemos com a solução kantiana: conhecemos a nós mesmos, enquanto corpo, apenas do ponto de vista fenomênico. Ora, o pragmatismo tentou sair dessas duas soluções. Uma saída com um apelo holístico, hegeliano.

O pragmatismo surgiu no momento em que essas terceiras e quartas opções começaram a ficar tediosas. Afinal, qual o benefício em se dizer que o mundo é feito de uma coisa ou outra, ou de ambas? Qual a razão para nos mantermos fiéis à ideia de que o mundo tem de ser feito de uma *substância*? Por que Aristóteles teria de ainda estar vigente, com o conceito de substância, martelando nossas cabeças? Não seria melhor antes mudar de pergunta do que ficar tentando encontrar uma resposta para uma pergunta já desgastada?

O pragmatismo veio exatamente com essa proposta: deixemos de lado a ideia de que o mundo tem de ser feito de uma substância, vamos tomar o mundo segundo uma ideia menos atávica. Ele pode ser aceito como um conjunto variável de relações. Ora, relações? Sim – só relações! Em vez de falarmos de coisas, vamos falar de relações. Podemos continuar usando os termos que até então estávamos usando, um tanto reificados como pedra, homem, terra, leão, computador, amor e frauda. Claro, não há razão para se abandonar de uma hora para a outra nossa linguagem, que é nosso pensamento. Mas podemos imaginar que cada uma dessas "coisas" é um feixe contingente de relações.

Assim, quando fazemos isso, nos libertamos da ideia de substância – algo perene, imutável, que seria o núcleo de cada coisa – e passamos a viver com a ideia de que tudo está em contínua mudança segundo as relações que vão se estabelecendo. Essas relações podem ganhar nomes diferentes, segundo o campo que recortamos para conversar, falar, estudar ou investigar. Um desses nomes é "experiência".

O pragmatismo vem do grego *pragma*, termo do qual se origina de *prasso*, que quer dizer "prática", "feito", "façanha" e similares (e que origina também a palavra práxis). Ora, o que é considerar a prática e o feito senão considerar a experiência? Experiência é exatamente isto: o que se monta conjunturalmente pela prática, feito, façanha – práxis. Assim, o mundo é um conjunto de relações, ou, falando de outro modo, um conjunto variável de experiências. Caso o homem queira obter as melhores maneiras de se conduzir no mundo, ele que entenda essa característica relacional e prática do mundo, que dê atenção à experiência – essa foi a novidade do pragmatismo.

Correlativamente, essa mesma tese entrou para o âmbito epistemológico.

Um caminho (inicial) para termos em mãos algo que se possa chamar de conhecimento é o de aceitar a definição de Platão; chamaríamos conhecimento a "crença verdadeira justificada". Nessa acepção, para ter em mãos crenças que sejam conhecimento, é necessário ter também enunciados verdadeiros. Tendo isso em mente, William James definiu o pragmatismo como um "método para a verdade" antes que uma "teoria da verdade".

A verdade é um qualificativo que podemos dar a determinados enunciados. Os lógicos e epistemólogos dizem que podemos ser correspondentistas e dizer que um enunciado *X* é verdadeiro se e somente se corresponde ao fato que descreve. Ou então que podemos ser coerentistas e dizer que um enunciado *X* é verdadeiro se e somente se é coerente com outros enunciados (verdadeiros) que dizem respeito ao que ele trata. Por sua vez, James negou que o pragmatismo devesse optar por uma ou outra postura desse tipo, e sim apenas mostrar como um investigador sério deve agir se quer ter conhecimento. Um investigador sério jogaria suas fichas de aposta no enunciado que, diante da experiência – do investigador e de outros –, fosse aquele que estivesse mais cotado como candidato a ser verdadeiro. Assim, estaríamos levando a experiência em consideração, de modo a não jogar fora a prática da vida e na vida, a cada investigação científica ou corriqueira.

Da experiência à linguagem

Peirce, James e Dewey foram os três estadunidenses que criaram o pragmatismo enquanto uma escola filosófica. As diferenças nucleares entre eles apareceram exatamente na noção de experiência.

Charles Peirce (1839-1914) tendeu a considerar a experiência um experimento, dando ênfase para a prática controlada, como a que se faz em laboratório. James tendeu a ver a experiência como experiência de vida, em um sentido psíquico – vivência, como poderíamos dizer. Dewey chegou a uma noção mais ampla, tomando a noção de experiência como experimental e vivencial, além de dimensioná-la historicamente.

Por isso mesmo, em Dewey um enunciado verdadeiro passou a ser aquele apresentado como um forte candidato a ser aprovado diante da "assertibilidade garantida". O que é? Assertibilidade garantida é a propriedade de um enunciado de ser uma afirmação com o máximo de garantias possíveis – e sabemos que toda garantia é válida apenas dentro de um tempo e de um lugar.

Os pragmatistas mais recentes – Richard Rorty e Hilary Putnam à frente – passaram a considerar elemento central da experiência a linguagem. Mas não a tomaram como um código pré-instituído. Caso assim fizessem estariam tratando a linguagem segundo uma visão essencialista, contrária à postura pragmatista. Eles a tomaram como *comunicação*.

Resumindo ao máximo: os neopragmatistas aprenderam com a filosofia analítica a dar a devida importância à linguagem, mas entre dizer que nos comunicamos por possuirmos a linguagem ou somos usuários de alguma linguagem por nos comunicarmos, ficaram com esta última acepção. Desse modo, endossaram uma perspectiva mais próxima da do segundo Wittgenstein e do pragmatista americano que dominou a cena da filosofia analítica em meados do século XX: Willard Van Orman Quine.

Por isso, buscaram trazer Donald Davidson para as fileiras do pragmatismo. Davidson foi o filósofo que, a partir de Quine, insistiu na ideia de que a linguagem não é um clube ou um partido ao qual nos filiamos, é um ser vivo em evolução darwiniana, que é feito e reconstruído sem direção predeterminada, e o que conta para tal é a nossa imaginação *em comunicação*.

A VERDADE: O DEBATE NEOPRAGMATISTA

Nos últimos vinte anos do século XX, o debate em torno do pragmatismo ganhou notável visibilidade, lembrando os tempos pioneiros de John Dewey. Filósofos de linhagens distintas se deslocaram para o campo pragmatista. Um caso notável foi o de Habermas.

Herdeiro direto da Escola de Frankfurt e, de certo modo, seu maior expoente vivo, Habermas começou a se relacionar com o pragmatismo lendo Peirce e, depois, mais profundamente, em crítica a Rorty. No decorrer do debate com Rorty, migrou para posições próximas do pragmatismo, como as de Dewey e Putnam. Mas manteve uma divergência sobre o tema da verdade com Rorty.

Contrariamente a Rorty, Habermas acredita que o trabalho tradicional da filosofia, mesmo dentro do campo pragmatista, é o de encontrar fundamentos. Nisso, seu projeto se afina, nos Estados Unidos, com o de Hilary Putnam, e na Europa, com o de Karl Otto Apel. Todavia, seu projeto não é igual ao desses filósofos.

Para Putnam uma proposição é denominada verdadeira se puder ser justificada sob condições epistêmicas ideais. Apel entende que uma proposição pode ser chamada de verdadeira se puder vencer argumentativamente em terreno de concordância alcançada em uma comunidade ideal de fala. Habermas, por sua vez, diz que uma proposição é verdadeira se puder vencer em uma condição de concordância alcançada em uma situação ideal de fala.

A divergência de Habermas com Rorty, portanto, é emblemática, pois é modelo da divergência da maioria dos pragmatistas que buscam fundamentos com os que abandonaram qualquer projeto fundacionista.

Rorty e Habermas partem de um ponto comum. Eles assumem o que os lógicos atuais dizem: quando qualificamos um enunciado *p* como "verdadeiro" estamos em uma situação diferente daquela em que falamos que um enunciado *p* é "bem justificado". Isso é resumido assim: a verdade é sempre objetiva, o que é subjetivo é o que fornecemos como justificações para afirmar ou não um enunciado como verdadeiro. Rorty concorda com isso, é claro, mas pondera que em um determinado limite não temos como separar, de modo rígido, uma coisa da outra; isto é, não temos como colocar de um lado "*p* é bem justificado" e de outro "*p* é verdadeiro". Pois dizer que um enunciado *p* qualquer é verdadeiro é algo válido para um determinado momento *T*, para um específico lugar X, e para um encontrável público *W*. Todo e qualquer enunciado, ao ser chamado por nós de "verdadeiro", está sendo qualificado como "bem justificado", ou seja, "verdadeiro neste momento, para este público que está aqui, segundo as informações que este público possui".

Habermas replica que "verdadeiro" é diferente de "bem justificado", e que só entendemos o que é um enunciado qualificado como verdadeiro exatamente na medida em que o distinguimos claramente de um enunciado chamado de justificado. Para ele, quando dizemos que um enunciado *p* é "bem justificado", já sabemos que *p* pode não vir a ser bem justificado em outro tempo, em outro lugar e para outro grupo. Mas quando dizemos que um enunciado *p* é "verdadeiro", estamos informando que *p* é "bem justificado" para todo e qualquer tempo, lugar e público. Habermas entende que o que os manuais afirmam sobre a distinção entre "verdadeiro" e "bem justificado" não é *um* caso, mas é *todo* o caso.

No entanto, Rorty tem perguntas contra Habermas que são de tirar o sono do filósofo alemão: como que alguém pode dizer, sem pestanejar, que há enunciados que podem ser qualificados como "verdadeiros", independentemente de um tempo, um lugar e um público? Se Habermas vê a linguagem como um pragmatista – que é sua posição atual – como pode defender a validade universal de "é verdadeiro" para enunciados chamados por ele de verdadeiros?

Habermas tem uma teoria filosófica para sustentar o que afirma? Sim. Resumindo ao máximo: para Habermas, enunciados verdadeiros com validade universal podem ser admitidos como possíveis porque, se assim não for, a própria linguagem, que constatamos empiricamente como algo existente, não poderia existir.

Ou seja, para ele, o uso da linguagem nos mostra que, antes de qualquer coisa, o que faz da linguagem uma linguagem – sons que provocam comunicação – é sua característica de ser algo da ordem do intelecto. Nada há na linguagem anterior à sua função intelectual. Ela é, do ponto de vista filosófico, comunicação cognitiva. Ela é, *antes de tudo*, o que cria e regra o entendimento entre falantes. Ele acredita que Rorty não percebe que, no interior de toda e qualquer linguagem, há um mecanismo que faz com que em um determinado nível se estabeleça o entendimento e o consenso imediato.

Um exemplo corriqueiro em favor de Habermas é o que segue. Quando digo para você "feche a porta", trata-se de uma ordem, mas este enunciado "feche a porta" só soará como algo que manda você fechar a porta e, portanto, o subjuga ao lhe colocar uma ordem, se antes disso você toma o enunciado como significativo e inteligível. Você, que escuta a ordem, tem de antes de sofrer a coerção do enunciado já saber algo referente à porta, ao verbo fechar e ao ato de fechar e abrir portas.

Portanto, para Habermas, a própria linguagem empírica, em seu uso, permite ao filósofo que a observa dizer que nós todos, à medida que falamos e nos comunicamos, mostramos claramente que existe uma "concordância alcançada por meio de argumentos em uma situação ideal de fala"; além disso, tal entendimento se dá pelo fato de que a verdade é verdade para um e para outro, em um final de argumentos díspares trocados. Isso, que seria uma característica (filosófica) da linguagem é, então, para Habermas, a garantia (ideal) de que, na nossa conversação cotidiana podemos, sempre, apostar em um horizonte de entendimento intelectual mútuo.

A visão de Rorty, diferentemente, casa-se mais com a de Donald Davidson. Rorty não confere à linguagem nenhum poder de se fixar como algo ontologicamente inflacionado. Ele leva a sério a tese de Davidson de que a linguagem – o que linguistas e filósofos entendem como linguagem – não existe. O que existe é a comunicação. Os falantes se entendem, ora mais ora menos, mas se entendem. E isso é o que podemos dizer *a posteriori*, sem termos de conferir qualquer "poder cognitivo" para o que seria próprio da linguagem ou de uma linguagem. Podemos, para criar uma teoria da interpretação construtiva, lidar com o "princípio da caridade" e a imputação de racionalidade etc. Mas não há razão para disso tirar que somos nós os "bípedes sem penas", dotados de linguagem inata ou que aprendemos a linguagem como o que está feito pela cultura, e que então nos seria transmitido individualmente.

Aprendemos, sim, uma linguagem, uma vez que vivemos em culturas nas quais o que comumente chamamos de uma língua é disponibilizado para nós. Mas, como Davidson aposta, isso não se dá como imaginam alguns psicólogos ou filósofos que insistem em colocar a linguagem como uma peça acabada, e que teria como história apenas alguns episódios sujeitos aos atos reformistas de uma "evolução cultural". Do ponto de vista que deveria interessar à descrição filosófica, não temos muito o que aprender sobre a linguagem se a tomamos ou como um pacote pronto chamado "linguagem" ou como um partido ou clube ao qual nos filiamos. Davidsonianamente, Rorty diz que não há razão para descrevermos a linguagem como uma instituição, à qual nos filiamos ou pela via de estruturas inatas ou pelo aprendizado. É mais útil apenas ficarmos com a descrição da triangulação e, então, mostrar que a comunicação é o que ocorre; é a forma como vamos construindo elementos comuns em trocas, interações que, depois, até podemos chamar de linguagem.

A filosofia de Davidson, nesse ponto, tem muito de semelhante à valorização, ainda que de outro modo, da experiência, o velho conceito usado pelos pragmatistas clássicos e, também, por Quine. Na tese de Davidson, construímos e reconstruímos o que, depois, por conta de nossa cultura, dizemos que é um conjunto com vocabulário, semântica, sintaxe e assim por diante. Admitir a linguagem como uma instituição é reificar a linguagem de um modo desnecessário. Levar adiante a reificação da linguagem, a essa altura, seria desconsiderar de um modo pouco razoável o que Davidson nos ensinou a evitar. Isso não seria apenas inútil, mas, no caso de Rorty, nocivo, pois a reificação da linguagem tenderia a desembocar, novamente, na criação do fundacionismo. Não seria isso, de certo modo, um pouco o que ocorre com Habermas?

Assim, Rorty responde que discorda da teoria de Habermas não porque seja errada. Rorty acredita que, ainda que ela possa ser correta, o que importa para ele é que ela é inútil. Ou seja, de que vale saber a não ser para preencher um livro de filosofia (que poderia ser preenchido de outra maneira), que há algo como a "concordância alcançada por meio de argumentos em uma situação de fala ideal" se, na prática cotidiana, sempre teremos uma situação não ideal de fala? Em uma situação real, cotidiana, a linguagem é um conjunto de sons que, se ganham significado, assim o fazem imiscuídos em uma rede de relações que implicam poder, subjugação, ideologia, pressão, hierarquias, propaganda, retórica, lavagem cerebral etc.

A tréplica de Habermas é interessante: se não temos uma situação ideal de fala na vida cotidiana, se só a temos no campo da fundamentação ideal, no campo filosófico, já temos tudo o que precisamos ter, pois é este campo que nos diz, enquanto pessoas que querem *garantias filosóficas*, que podemos e devemos construir uma situação ideal de fala aqui, no nosso mundo empírico, o mundo do cotidiano. Isso nos faz pensar, enfatiza Habermas, em criar um mundo no qual não exista a violência, não exista o poder interferindo o discurso, a ideologia, todas as diferenças que impedem os falantes de se colocarem horizontalmente uns em relação aos outros.

Ora, Rorty vê este passo habermasiano como um perigo. Em sua opinião, se vamos seguir Habermas, podemos terminar construindo uma utopia que *precisa se realizar*. Vamos acabar criando, no papel, a sociedade ideal, perfeita e em detalhes, e então vamos achar que nada temos a fazer senão a tirarmos do papel. Iremos desejar vê-la efetivada fora do papel, e então viveremos sob tal utopia. Logo estaremos falando que tal sociedade utópica, ainda que seja a "sociedade democrática", é a mais condizente com a "natureza humana", a única que pode trazer felicidade para todas as pessoas, aquela que vai terminar com a exploração e o engodo, enfim, logo ela se transformará em um dogma. Senão para todos, ao menos para os que a tiraram do papel. Isso é bom? Rorty e nós todos sabemos que não. Sabemos o quanto todas as utopias detalhadas nos tornam vítimas de nós mesmos. O nazismo e o comunismo, no século XX, já nos bastaram para mostrar isso. Foram utopias detalhadas em livros e, que ao serem levadas adiante por "anjos tortos", aqueles que atendem às nossas preces de forma literal, se transformaram em prisões infernais. Desde sempre, ainda quando só estavam nos livros, elas já eram prisões.

Habermas avalia que Rorty, apesar de condenar tal prática, já vem fazendo isso ao defender o modelo ocidental de democracia. Segundo Habermas, o que ele próprio tem feito é o que de fato Rorty faz em aliança com ele!

Mas Rorty diz que não é bem assim. E aqui, de fato, há a diferença que faz diferença na prática – como quer um pragmatista. Uma coisa é afirmar uma utopia "vaga e contingente", outra é detalhar como tal utopia deve funcionar. Rorty não aposta na democracia como aquele regime que há de se perpetuar por meio de características que não lhe seriam contingentes, mas sim inerentes, imutáveis, eternas – "naturais". Para Rorty, não há como ser democrata e dizer que "a democracia deve ser garantida como democracia a qualquer preço". Aliás, não há como ser democrata e traçar em detalhes o que é uma sociedade democrática. Pois a democracia é, por si mesma, por definição, o regime de criação de pessoas diferentes. Tais pessoas, em democracia, serão mais e mais diferentes. Serão pessoas tão diferentes que poderão, em determinado momento, odiar a diferença e toda sociedade que a garante, como a sociedade democrática, cujo papel não é só fazer valer o que quer a maioria, mas fazer valer o respeito ao que as minorias desejam. Então, no limite, a democracia pode criar uma geração inteira que queira suprimi-la, ou que, ao contrário, queira construí-la de um modo que nós, os que vão ficar no passado, jamais imaginaríamos que seria uma democracia.

VIII Conclusão

A filosofia deu seus primeiros passos no século XX desejando ser ciência. Entrou para o século XXI vendo esta pretensão como relíquia de um passado mais longínquo que o de várias afirmações de Aristóteles. No início do século XX, filósofos como Edmund Husserl se mostravam preocupados em conseguir para a filosofia o *status* de uma "ciência de rigor". De uma forma ou de outra, o que esse tipo de filósofo almejava era colocar a filosofia em pé de igualdade metodológica com a ciência. Ao mesmo tempo, alguns falavam em "crise da razão". Um filósofo espiritualista e bastante influente na época, Henry Bergon (1859-1941), esteve entre aqueles que participaram das várias mesas-redondas sobre a "crise da razão", em um debate que, não raro, tinha como participantes cientistas de várias áreas, incluindo psicólogos e médicos. O fato de Bertrand Russell, filósofo voltado para a lógica, participar de eventos como os que Bergson, um espiritualista, participava, dava mostras da luta da filosofia para não se desintegrar em especificidades – mas isso pareceu, logo, ser algo não possível de manter.

Ao entrar para o século XXI, a filosofia já havia visto o debate sobre a "crise da razão" desaparecer e reaparecer várias vezes. Aquele em que Bergson, Russell e outros participaram e que se transformou em fumaça antes mesmo da Segunda Guerra Mundial. Quando o tema reapareceu, nas últimas décadas do século XX, esteve entremeado com a polêmica que dividiu a comunidade filosófica – a discussão sobre o pós-modernismo.

No início do século XXI, a filosofia já vê tudo isso por um nostálgico retrovisor. A divisão entre filosofia analítica e filosofia continental permanece firme. A filosofia é agora, de um modo completo – o que ainda não ocorria no final do século XIX de forma tão avassaladora –, uma atividade que depende de formação acadêmica, e são raros os filósofos que sobrevivem fora de alguma universidade. Isso deveria ajudar analíticos e continentais a se encontrarem. Não é o que tem ocorrido.

A academia parece que ainda não tirou proveito da lição dos grandes filósofos ativos na transição do século XX para o XXI, como Derrida, Rorty, Habermas, Putnam e outros. E talvez os percalços de Derrida e Rorty na universidade possam já dizer tudo sobre uma incapacidade desta em acolher os bons cérebros filosóficos.

Todos os grandes filósofos do final do século XX ensinaram que o caminho frutífero do pensamento filosófico seria o da integração entre as duas grandes tendências filosóficas, a de analíticos e continentais. Mas a academia tem privilegiado uma formação em filosofia pouco condizente com o espírito filosófico. No passado, os filósofos eram os que conheciam o específico de sua disciplina, mas este específico implicava necessariamente em uma cultura geral fecunda, visto que a filosofia ainda tinha seu charme como "rainha das ciências". A formação acadêmica atual tem se descuidado dessa necessidade. E pode ocorrer que encontremos em vários professores universitários de filosofia o protótipo do homem moderno segundo Weber, "especialista sem inteligência, hedonista sem coração". Ou seja, aquele que é *expert* em um assunto, mas medíocre na forma de relacionar este seu assunto com todos os outros correlatos; e aquele que é o homem que imagina usufruir a vida e, no entanto, não pode fazer isso por meio de um concepção filosófica, pois sua filosofia não está mais articulada a uma concepção de vida.

Os filósofos deveriam começar a perceber que o que a universidade dá com uma mão ela tira com outra, e que eles precisam ganhar antes o mundo que os bancos escolares universitários, se quiserem fazer com que

aquela conversação de Sócrates e de Platão tenha alguma vida neste século XXI.

A popularização da filosofia não tem mudado esse quadro. Ela é feita sem que exista um trabalho planejado dos filósofos e, hoje, talvez seja mais fácil encontrar nos grandes meios de comunicação aqueles que são capazes de democratizar o acesso à informação científica do que o acesso às conquistas filosóficas atuais. Os grandes jornais reclamam dos filósofos. Eles não são capazes de fazer o serviço que antes faziam com facilidade, o de atuar como jornalistas do saber filosófico e do saber filosófico aplicado. Não são poucos os jornais e editoras que recorrem a historiadores e outros quando precisam de alguém que use da filosofia para o trabalho de comunicação. Até mesmo a escola reclama dos filósofos. No mundo todo, no ensino médio em que a filosofia se faz presente, os filósofos não têm conseguido criar mecanismos de intervenção e planejamento de atividades para os jovens não universitários. Há pouco planejamento da atividade filosófica necessária para nossos tempos.

A especialização precoce e, não raro, na direção de uma falta de erudição básica que marca os indivíduos para toda a vida, tem sido a regra das universidades no mundo todo, em especial no campo filosófico. É de se estranhar que diretores de cinema, romancistas e até mesmo cientistas de áreas muito específicas tenham conseguido erudição e sejam chamados para o debate de grandes eventos, muitas vezes substituindo os filósofos que, agora, se limitam a promover eventos miúdos nos quais leem tediosos *papers* fechados em um saber que se parece com o da ciência – pois é o máximo saber sobre o mínino de um objeto –, mas que não têm a função de modificação da vida humana que esta tem.

A filosofia que nos é contemporânea está sob esse quadro. Sendo assim, talvez o que vingue seja algo parecido com o que já ocorreu: nossos heróis do início do final do século XX foram os filósofos do final do século XIX. Pode ser que no final do século XXI estejamos reproduzindo a rica herança dos filósofos do final do século XX, principalmente aquilo que se desencadeou a partir do opúsculo de Jean François Lyotard (1924-1998), a *Condição pós-moderna*, de 1979.

De qualquer maneira, sempre existirão aqueles que, por caminhos tortos, farão o que é certo. Os grandes filósofos do século XXI, o que farão? Como estarão trabalhando? A contar do que foi feito no século XX, os do século XXI, a despeito do crescimento da religião no mundo, estarão atuando em um campo cada vez mais laico e, sem dúvida, tenderão a fazer filosofia de forma não metafísica ou, no máximo, por meio de uma metafísica deflacionada. Não à toa o filósofo Gianni Vattimo, que é religioso, classificou seu modo de filosofar como sendo o "pensamento fraco". Um filósofo político de formação analítica, como John Rawls (1921-2002), separou a filosofia política da metafísica ou de qualquer base compreensiva maior, atuando como o que Rorty disse que se pode fazer, ou seja, fazendo a filosofia propriamente dita ser uma forma de teoria *ad hoc* para campos específicos. O pragmatismo de Rorty assim se colocou: ele está ligado à democracia por um ato de vontade de Rorty, e não, segundo este, por um laço de necessidade de um sistema completo de filosofia. Esse tipo de pensamento poderá não ter completa hegemonia na filosofia, mas tenderá a ganhar um fio condutor durante todo o século XXI.

Outro elemento que permanecerá constante será o de preocupação com a linguagem. De um modo crescente, a filosofia estará envolvida com a filosofia da linguagem e esta, por sua vez, manterá seu cruzamento com a lógica, de um lado, e com a filosofia da mente, de outro. Nestes dois campos, os estudos sobre o cérebro crescerão e proporcionarão um belo campo de conversação entre cientistas e filósofos – se eles vão aproveitar esse campo, não sabemos.

Os modelos de previsibilidade, controle e poder por meio da ampliação da função de computadores irão se ampliar assustadoramente. E irão se casar de modo ainda mais fecundo com a engenharia genética, física de partículas e medicina. A ideia de construção da verdade antes de sua descoberta ganhará força – o que dera ênfase às teorias minimalistas da verdade. Além disso, os filósofos que estiverem ligados ao mundo e com formação intelectual não restrita serão chamados para participar dessa movimentação de ampliação de previsão e controle que irá alterar o corpo humano e a arquitetura e movimentação das grandes cidades. As formas de cognição se tornarão cada vez mais voltadas para a tecnologia, e os problemas vitais de tomadas de decisões, que poderão ser feitos por máquinas até mesmo em campos em que isso é inadmissível hoje em dia, serão não só possíveis como necessários, e se abrirá então ampla senda para o debate filosófico. Nesse caso, a ética e a filosofia política não perderão seu posto, ainda que, talvez, possam ser desenvolvidas pelos mais diretamente ligados aos problemas que os próprios filósofos.

O mundo do século XXI será o mundo dos filósofos. Mas pode ser que eles não venham a perceber isso e não estejam a postos quando chamados. Então, alguém irá filosofar no lugar deles. Se estes farão isso bem, não sabemos.

Indicações de leitura e fontes de informação

Para uma visão geral sobre a filosofia no século XX e sobre autores fundamentais: ■ BUNIN, N. e TSUI-JAMES, E. P. *The Blackwell companion to philosophy*. 1. ed. Nova York: Blackwell Publishing. 1996. Há edições mais novas e há tradução para o português. ■ SHOOK, J. e MARGOLIS, J. *A companion to pragmatism*. Nova York: Blackwell Publishing, 2004.

Para uma compreensão de boa parte dos filósofos citados, a melhor fonte é a Coleção Os Pensadores, da Editora Abril Cultural. Apesar de as introduções dos livros dessa Coleção não virem assinadas, o que é um visível complicador que teria de ser sanado, pode-se dar algum crédito ao formato utilizado, que é o de tomar as introduções como geradas a partir de informações dadas por "consultores". Como a Coleção foi criada pelo professor José Américo Mota Pessanha, do Rio de

Janeiro, um dos bons filósofos brasileiros, o leitor que desconhece os "consultores" ao menos pode ficar com a garantia de qualidade oferecida pelo padrão de trabalho de Pessanha.

Para uma visão sobre os filósofos contemporâneos não incluídos na Coleção Os Pensadores, o leitor pode conseguir informação segura, para iniciar, em: Arrington, R. *A companion to the philosophers.* Nova Iorque: Blackwell, 1999.

Um livro que tenta definir a filosofia a partir de temas contemporâneos, em português, do ex-ministro da Cultura de Portugal, o filósofo Manuel Maria Carrilho: *O que é filosofia*. Lisboa: Difusão Cultural, 1994.

Para temas contemporâneos que possibilitam o leitor se familiarizar com o século XX no campo filosófico: RORTY, R. e Ghiraldelli Jr., P. *Ensaios pragmatistas sobre subjetividade e verdade.* Rio de Janeiro: DPA, 2006. ▪ FERRY, L. e RENAUT, A. *Pensamento 68*. São Paulo: Ensaio, 1988. ▪ AYER, A. *As questões centrais da filosofia*. Rio de Janeiro: Jorge Zahar, 1975. ▪ GHIRALDELLI Jr., P. *O corpo – filosofia e educação*. São Paulo: Ática, 2007. ▪ LEITER, B. *The future for Philosophy*. Oxford: Oxford e Clarendon Press, 2003.

O leitor pode também recorrer na internet ao site mantido pelo Centro de Estudos em Filosofia Americana (CEFA), que é o Portal Brasileiro da Filosofia (e blogs correlatos): *www.filosofia.pro.br*. E também ao canal online TV Filosofia: *www.mogulus.com/filosofia*.

Sobre o autor

Paulo Ghiraldelli Jr. é filósofo com doutorado e mestrado em Filosofia pela USP, pós-doutorado em Filosofia Social pela UERJ e doutorado e mestrado em Filosofia e História da Educação pela PUC-SP. Foi professor de várias universidades, tirou o título de livre-docente e professor titular pela Unesp. Foi pesquisador na Nova Zelândia e Estados Unidos. É autor de inúmeros livros especializados e de divulgação no campo da filosofia e da educação. Atualmente dirige o Centro de Estudos em Filosofia Americana (CEFA) e a TV Filosofia www.mogulus.com/filosofia.